ポイエーシス叢書
68.

信と知

Jacques Derrida, Yuasa Hiroo, Oonishi Masaichirou Foi et Savoir

ジャック・デリダ　湯浅博雄・大西雅一郎 訳

未來社

目次

■凡例

・原文中のイタリック体は傍点による強調とした。
・訳文中に原語を指示する場合、および訳者による補足・説明などには〔 〕を用いた。
・原文中の著者による補足・説明は原文のとおり［ ］で示した。
・原文中の大文字で始まる単語は〈 〉で示した。
・原文中の（ ）はそのまま（ ）とした。
・本文の原註は☆で、訳註は★で示し、本文の脚注として掲出した。

信と知——たんなる理性の限界における「宗教」の二源泉

装幀——戸田ツトム

イタリック

1

今日、いかにして「宗教を語る」のか。宗教について？　とりわけ宗教なるもの〔la religion〕について？　今日の光のもとで、おそれとおののきなしに、いかに宗教について、あえて語るのか。それもこれほど短い時間で、これほど性急に。問われているのは一つの主題であり、同一性を定めることができ、しかも新しい主題である、と主張するほどの厚かましさをもっている者がどこにいるだろうか。宗教にいくつかのアフォリズムを結びつけるという思い上がりを抱くような者がどこにいるだろうか。必要な勇気と尊大さと静謐とを自らに与えるためには、おそらく、一瞬、ある種の抽象をするふりをしなければならないだろう。すべてのものの抽象、あるいはほとんどすべての抽象、ある一定の抽象をするふりを。最も具体的な、最も近づきやすい抽象、しかしまた同時に最も砂漠のように不毛な抽象を担保にして断言しなければならないだろう。

イタリック

抽象によって自らを救う〔逃げ出す〕べきか、それとも抽象を脱する〔そうやって自らを救う〕べきか。救いはどこにあるのか。（一八〇七年に、ヘーゲルは「抽象的に考えるのはだれか」を書いたが、そこで「考える？　抽象的に？　全員、避難せよ！〔Sauve qui peut!〕」と言っている。つまり思惟、抽象、形而上学を逃れよう、まるでペストから逃げるように一つの動作で逃れようとするあの裏切り者の叫びを、まさにフランス語を用いてそう言っている。）

2

救うこと。救われること。自らを救うこと。これは第一の問いのきっかけであるが、その問いとは次のようなものである。宗教に関わる言述を、救いに関わる言述から切り離すことができるのか。すなわち健やかなもの〔sain〕、神聖なもの〔saint〕、聖なるもの〔sacré〕、損害なく無事なもの〔sauf〕、無傷なままのもの〔indemne〕、免疫をもつもの〔immun〕（sacer, sanctus, heilig, holy, そしてその他の多くの言語にも存在する、等価的な――と想定される――類語★1）に関わる言述から切り離すことができるのか。さらに言えば、救いとは、必然的に贖《あがな》いなのか。悪や過ち、罪を前にした贖い、あるいは悪や過ち、罪からの贖いなのか。では、悪はどこにあるのか。今日における悪は、現在的に言って、どこにあるのか。とりあえず、ある悪の形象、範例的であり、かつ前例のない形象がある、しかもまさに他ならぬ現代を特徴づけている根源悪の形象があ

★1　sacer, sanctusはいずれもラテン語で、「聖なる」、「神聖な」という意味あいをもち、heilig, holyはドイツ語、英語で、ほぼ同じような意味あいをもっている。エミール・バンヴェニストの『インド＝ヨーロッパ諸制度語彙集』第二巻（前田耕作監修、蔵持不三也ほか訳、言叢社、一九八七年）によると、sacerは「供儀（sacrifice）」に結びつけられる。「ユベールとモースの試論によれば、供儀とは、俗なるものが祭司を媒介とし、儀式によって神的なものと交流するために構成されたものだという。獣を〈聖なるもの〉にするには、それを生き物の世界から切り離し、二つの世界を仕切る閾を乗り越えさせなくてはならない。これが殺害の目的だと言うのである」（一八〇頁）。
　それに対して、sanctusは本来sancio（聖別する、罰する）の分詞形である。

る、と仮定してみよう。そういう悪の身元を突き止めること。そうすることが、現代にとっての救いの形象や約束がそうであるはずの姿に近づくことだろうか。それゆえ、あの宗教的なものの特異性、今日、あらゆる新聞が声高に「回帰している」と語っている、あの宗教的なものの特異性に近づくことであろうか。

いずれ時期がくれば、私たちはだから宗教の問いを、抽象という悪の問いに結びつけたいと思う。根源的な抽象ということに結びつけたい。死や悪の、あるいは死の病いの抽象的形象に結びたいのではない。そうではなく、これまで伝統的には根源からの引き剝がしに、それゆえ抽象による根こぎ《デラシヌマン》〔根絶やし、故郷喪失〕に結びつけられてきた悪の形態に結びたい。それも、機械、技術、技術的科学、そしてとりわけ遠隔テクノロジーの超越性などがそうであるところの抽象の場という問題を経由することを通じてそうしたい。（ただし、そうできるのはもっとあとになってからであるけれども。）「宗教と機械〔mekhanè〕」、「宗教とサイバースペース」、「宗教と計数性」、「宗教とデジタル性」、「宗教とヴァーチャルな時-空」。私に指示されている限られた時間のなかで、これらのテーマに短い論考を釣り合わせるために、一つの小さな論述機械を構想すること。この小さな論述機械は、ある種の達成品であると同時にあとでさらに改善する余地を残しており、できれば無力ではないような論述機械にしたいと思う。

今日、宗教を抽象的に考えるために、いま述べたような抽象の力から出発することにした

したがって、「sacer と sanctus を区分しようとするなら、sacer は内に秘められた聖なるもの、sanctus は外に顕わされた聖なるものとなるだろう。Sacer はそれ自体固有の神秘的な意味価値を有している。一方、sanctus は人間に起因する禁止や、法に基づく規定から生じた状態を指す。これら二つの語の差異は両者を結合した合成語 sacrosanctus（神聖にして不可侵の）に明らかで、この語は sacrum によって sanctus となるもの、すなわち真の秘蹟（sacrement）に守られたものを意味する」（同書、一八三頁）。

イタリック

い。その目的は、いずれ時期がくれば、次のような仮説をあえて試みるためである。すなわちこれらの抽象の力、分離する力（根絶やし《デラシヌマン》、故郷や本来の場からの引き剥がし、具体的現実から遊離させること、形式化させること、普遍化するやり方で図式化すること、客観化すること、遠隔コミュニケーション、等々）に照らし合わせてみると、「宗教」は一方でそれらの力とは反作用的な敵対関係にあると同時に、他方で自分を再確認して再度肯定する仕方で自らの値打ちをせり上げる状態にあるという仮説である。そうことが起こるのはどういうところにおいてだろうか。それは、知と信とがつねに結びつきを保持しているようなところ、つまり技術的科学（「資本主義的な」ものであり、かつもっぱら信用に基づいたものである、技術的科学）と信仰、信用、信頼性、信の行為とが、まさにその場において、対立しつつ同盟する結び目の箇所で、つねに結びつきを保っているようなところであろう。その結果として、アポリア――ある種の道の不在、通路の、出口の、救いの不在――と二つの源泉が生じることになる。

3

抽象を演じるためには、そして出口なきアポリアを演じるためには、おそらくまず砂漠のなかに引きこもること、さらには一つの島に閉じこもることが必要だろう。そして、神話ではない、ある短い物語を語らねばならないだろう。そのジャンルは次のようなものだ。――「むかしむかし」、一度だけ、ある日に、どこかの島か砂漠のなかで、「宗教を語る」ために、何人かの男たち、哲学者、教授、解釈学者、隠者、隠遁者たちが集まって、秘教的でもあり平等的でもある共同体、友情と友愛に満ちた小さな共同体をまねるという時間を過ごしたことがあっただろう。そう想像してほしい。さらにこの共同体が討議する主題を位置づけ、それを空間と時間のなかで限定しなければならないだろう。場所や風景、過ごした時、〈ある一日〉を言わねばならない。たちまち過ぎ去るもの、移ろいやすいものに日付をつけ、その特異性を定めなければならない。いわば、あたかも日記をつけているかのように、つまりすぐにその数ページを引き破ることになる日記をつけているかのようにふるまう必要があるだろう。こういうジャンルの法則——それは暦、カレンダーである（そしてすでにあなた方はその日について、尽きることなく語っている）。日付——一九九四年二月二十八日。場所——ある一つの島、つまりカプリ島。あるホテル。一つのテーブルの周りに集まって、私たちは友人同士の歓談のように語り合っている。ほとんど秩序なしに。議事進行表もなく、スローガンもなしに。ただ一つの語を除いては。最も明確であり、かつ最も晦冥である語、「宗教」を除いては。私たちは、自分たちがなんらかの予備的了解を共有できると信じるふりが可能である、と信じている。まさに信用にのみ基づく行為として。自分たちが話すことのできると信じている（これまでに、もうすでに、信じるという言葉をどれほど多く用いたことだろう！）諸言語を通じて、「宗教」という語がなにを意味するかについて、なんらかの共通の感覚をもっているかのようにふるまっている。この語に最小限の信頼性があると信じている。ちょうどハイデガーが（『存在と時間』の冒頭で）存在に関わる語彙集における事実〔Faktum〕と呼ぶものに対する場合と同様に、私たちはこの語の意味をあらかじめ了解している（もしくは、あらかじめ了解しているはずである）と信じている。たとえそれが、この主題について問いかけることができるため、自問するためにすぎないとしても、である。しかるに、あとでこの点に戻ることになるが、このような〈事実〉（まさに存在および宗教という二つの場合における事実）ほど、あらかじめ保証されているわけではないものはなにもない。宗教の全問題は、おそらくこの保証のなさへと送り返されるだろう。

4

さきほど触れたテーブルで行なわれた事前の協議の冒頭で、ジャンニ・ヴァッティモは私に向かって、いくつかの指針を即興的に提起するよう提案したのである。そのときに私が述べた指針を、ある種の図式的、かつ電報文的な序論というかたちで、もう一度ここに、イタリック体で提出することを許していただきたい。他の諸命題の提起は――たぶん諸命題と言えると思うが――、私がセミネール〔この討論会〕のあとになってから書いたテクスト（少し性格の異なるテクスト）のうちではっきりとした形に浮かび上がったものである。容赦のないほど窮屈な時間と空間のリミットのなかで書いたものなのだが。もしかしたらこれはまったく別の話であるということになるかもしれない。が、しかしその日に、冒頭で、私があえて試みた発言の記憶は続いており、多かれ少なかれ、私の書くことはその記憶によって口述されているところがあるだろう。

私がまず提起したことは、そのとき私たちが直面していた状況、実際的であり、かつ独特な状況を、できる限り誤認することなく、また否認することもなく、思索の光のもとにもたらすことである――そういう状況とは、もろもろの事実であり、また、ある共通の参加の仕方、ある一つの日付、一つの場所、などのことである。実のところ、私たちは、思想・哲学上の提案であり、編集・出版上の提案でもある、二重の提案に応えることを受け入れていた。ここからただちに二重の問題、言語と国民＝民族の問題がおのずから開かれることになった。ところで、今日という日に、ある一つの他なる「宗教問題」があるとすれば、すなわちある新しい、アクチュアルな情勢、どの時代とも言えないほど古く、かつ現代的でもある宗教というものの未聞の再出現、世界的・地球的な規模での再出現があるとすれば、そこで問われるのはたしかに言語である。もっと正確に言えば、イディオム〔特有言語、固有語法〕、逐語性〔字句通りであること〕、エクリチュール〔書き記されているもの〕である。あらゆる啓示や信仰がそれによってなされる領域《エレマン》

イタリック

であり、究極のところ還元不可能な、また翻訳不可能な領域であるイディオム、逐語性、エクリチュールが問われている。が、しかしこういうイディオムはまず社会的な絆、政治的、家族的、民族的、共同体的な絆と切り離せないイディオムであり、国民や民族と切り離せないイディオムである。つまり土着性、大地と血、ますます問題を孕むものとなってきている市民性＝市民権との関係、国家との関係と不可分なものとしてのイディオムである。現代では、言語と国民があらゆる宗教的パッション〔情熱、情念、受難〕の歴史的身体〔corps〕をなしている。この哲学者たちの討論会が「西欧人による」ものであるように、私たちに提案されている、討論会に基づく国際出版はまず「西欧での」出版であり、「私たち」がここカプリ島――イタリアの島――で話すいくつかのヨーロッパ語、つまりドイツ語、スペイン語、フランス語、イタリア語に委ねられることになっている。言いかえれば、閉じ込められることになっている、とも言える。

5

私たちはローマから遠く離れてはいないが、もうローマにいるのでもない。私たちは二日のあいだ、カプリ島の高台に文字通り隔離され、島のなかに隔絶されている。それはローマ的なものとイタリア的なものの相違のうちにいることであり、後者は、ローマ的なもの一般に対して隔たりをもつもの、隔たりへと傾く可能性のあるものを象徴しうるかもしれない。「宗教」を考えること、それは「ローマ的なもの」を考えることである。そういうことはローマのなかではなされないだろうし、かといってローマから余りに遠く離れてもなされないだろう。これは、「宗教」というようななにものかの歴史に対して、いわば私たちが立ち返るための好機である。もしくは必然性である。この「宗教」という名においてなされること、言われることのいっさいは、こういう呼び名の記憶を、それも危機的《クリティック》な記憶を保持しているにちがいない。「宗教」というこの呼び名は、全ヨーロッパ的であるが、最初はラテン語であった。こうした与件は、少なくともその形象は、偶然的なものであると同時に意味深いものである。それがもっている限界も含めて、そうである。この与件は考慮に入れられること、熟考されること、主題化され、日付をふされることを求めている。「ヨーロッパ」を語ろうとすれば、次のような含意《コノテーション》なしにすませることは難しい。すなわち、アテネ－エルサレム－ローマ－ビザンティンであり、もろもろの宗教戦争である。エルサレムやモーリア山の領有をめぐって開始された戦争。神に呼びかけられたアブラハムあるいはイブラヒムの「はい、私はここにいます」という返答、つまり神から求められた極限的なサクリファイス、最愛の息子の絶対的奉献、たった一人の子孫の殺害の要請、それに応えて与えられた死、すべて〈受難〔Passion〕〉というものの直前でいわば宙吊りにされる反復、こうしたアブラハムあるいはイブラヒムの「はい、私はこ

イタリック

こにいます」という返答の領有をめぐって始められた戦争。★2 昨日も（そう、まさに昨日、せいぜい数日前にも）、ヘブロンの虐殺が起こった。★3 それは「族長の墓」と名づけられた場所であり、ふつう「アブラハムに由来する宗教」と呼ばれるユダヤ教・キリスト教・イスラム教にとって共通の史跡であると同時に象徴的な意味をもつ溝《みぞ》をなす場所である。私たちはここで、四つの異なる言語を代表し、語っているが、私たちの共通の「文化」は、はっきり言ってしまえば、明白にキリスト教的であり、わずかにユダヤ・キリスト教的であるだけだ。残念なことに、私たちのあいだにイスラム教徒は一人もいない。少なくともこの予備的議論の場には、いない。まさに私たちの視線をイスラム教へと向けることから始めなければならないときに、一人もいないのである。また、他の宗教を代表する者もいない。女性もいない！ 私たちはこのことを考慮に入れなければならない。これらの無言の証人たちのために〔に向けて〕語ること、無言の証人たちに代わって、その代わりとなって語るというのではなしに、しかし証人たちのために〔に向けて〕語ること。そしてそこからあらゆる種類の帰結を引き出すようにすること――そうしなければならないだろう。

6

この現象、性急に「宗教たちの回帰」と名づけられている現象は、なぜこれほど考えるのが困

★2 『旧約聖書』の「創世記」第二十二章には、ユダヤ人たちの族長アブラハムが神から呼びかけられ、「はい、私はここにいます」と応答する場面が記されている。神はアブラハムを試みて、最愛の、唯一の息子イサクをモーリア山に連れてゆき、燔祭の犠牲として捧げるよう命じる。ほとんど息子を殺害する瞬間に、神の使いが現われ、アブラハムを制止し、イサクの命は救われる。『コーラン』では、アブラハムは「イブラヒム」と呼ばれ、偉大な預言者のひとりであり、同じように神に呼びかけられて息子を犠牲に捧げようとし、その信仰の強さが証明された瞬間に、神の使いに止められ、息子は命を救われた、そして代わりに一匹の雄羊が犠牲として捧げられた、とされる。

★3 ヘブロンは、エルサレムの南、ヨルダン川西岸にある町。原語は「親交、

難なのか。なぜ意表をつくのか。なぜある人々を驚かすのか。とりわけ、一方には〈宗教〉を置き、他方には〈理性〉、〈啓蒙＝光明〔les Lumières〕〉、〈科学〉、〈批判〉（マルクス的な批判、ニーチェ的な系譜学、フロイト的な精神分析、そしてそれらの遺産）を置いて、それは二者択一であり、一方は他方と縁を切るほかないかのように無邪気に信じている人々を驚かすのか。こんな「宗教的なものの回帰」を考えるよう試みるためには、むしろ逆に、ある他なる図式から出発しなければならないだろう。こういう「宗教的なものの回帰」は、ひとがドクサ〔臆見〕によって漠然と「原理主義」、「伝統完全保存主義」、「狂信」と定義しているものへと還元されるだろうか。この問いこそ、おそらく私たちがまず先に考察すべき問いの一つである。その歴史的緊急性に応じて、そうなのだ。アブラハムに由来する諸宗教のうちで、またそれらにおいて全世界的に広がっている「原理主義」や「伝統完全保存主義」のあいだで——というのも、「原理主義」、「伝統完全保存主義」はすべての宗教のなかでいま作動しているからであるが——、まさしくイスラム教とはどういうものか。だが、この名をあまり性急に使うことは控えよう。「イスラム教的」という参照項のもとに大急ぎで取り集められているもの。それらは、今日、世界的規模での、あるいは地政学的な意味での特権をもっているように見える。なぜなら、それは、その物理的暴力という性質のためであり、民主主義のモデルや国際法を公然と破る違犯のいくつかのためである（「ラシュディ事件」や他の多くの事件、そして「文学への権利」の

同盟」を意味する。アブラハムはその近郊に住み、主の祭壇を築き、ヘブロンの聖所の起源となっている。一九九四年二月二五日、この町のモスクに金曜礼拝のため集まったパレスチナ人たちが、ユダヤ人入植者の銃乱射によって虐殺され、多数の死傷者が出た。

イタリック

侵害など）。さらには、「宗教の名において」行なわれる犯罪のかたち、古代風でもあり現代的でもあるかたちのためであって、またその人口規模や、そのファロス中心主義的な形象、政治と神学とが合体しているような形象のためである。なぜなのか。次の点をはっきりと見分けなければならないだろう。イスラム教はイスラム主義ではないのだが――そのことをけっして忘れてはならない――、しかしイスラム主義はイスラム教の名において実行されているのだ。そしてそこには重大な名の問題がある。

7

宗教の名において、ここではイスラム教という名において起こること、行なわれ、言われること。そのなかにある名の力を、けっして偶然的なものとして扱わないようにしよう。次に、政治神学的なものは、ダイレクトなやり方にせよそうではないにせよ、こうした問題に張りつけられるすべての概念たち、たとえばまず民主主義や宗教権の世俗化の概念、文学への権利の概念などと同様に、ただたんにヨーロッパ的であるというのみならず、ギリシア・キリスト教的であり、ギリシア・ローマ的である。私たちはここで、名の問題、「……の名においてなされること」の問題いっさいに取り囲まれるだろう。「宗教」という名の問題。神の名の問題。固有名がラングの体系に所属しているのか所属していないのかという問題。それゆえ固有名の翻訳不能性〔intraducibilité、デリダが「バベルの諸塔」のなかで用いている独特な語であり、翻訳されることを要請しつつ、しかも翻訳不可能であることを指す〕という問題、また、固有名の反復可能性《イテラビリテ》の問題（すなわち固有名を反復性の場にするものの問題、イデア化の場にするものの問題、したがってすでにテクネーの問題、技術的科学の問題、そして遠隔地からの呼びかけにおける遠隔－技術科学の問題）、固有名が、祈りにおける呼び名＝命名の遂行性《ペルフォルマティヴィテ》とどんな関係にあるかという問題（このとき祈りは、アリストテレスによれば、真でもなく、偽でもない）。さらには、固有名が、呼びかけや証し立てなどにおいて、つまりすべての遂行性において、他者の信《フォワ》へと訴えかけるものとどんな関係をもつか、だから誓いによる信〔foi jurée〕のうちで展開されるものといかなる関係をもつか、という問題である。

8

光が生じる。そして日《ジュール》＝光が。太陽の光と地誌学上の記載とはともに結ばれて偶発的に生まれるものであるが、けっして切り離されないだろう。すなわち宗教の現象学、現象学としての宗教、〈現われること＝見えること〔paraître〕〉の地理学におけるオリエントの、日出ずる方向の、地中海の謎。光《フォス》〔phos〕――この始原《アルケー》が言述を命じ、言述を開始するところであれば、どこにおいても。そしてこの始原が主導権一般――光《フォス》、光のもとに示すこと《ファイネスタイ》、現われること《ファンタスマ》、それ

ゆえまたスペクトル（亡霊）など★4——を与えるところであれば、どこにおいても。つまり哲学的言述においても、また啓示＝開示（Offenbarung）についての言述においても。さらには啓示＝開示可能性（Offenbarkeit）、すなわち表われ＝現出〔manifestation〕の、もっと原初的な可能性についての言述においても（もっと原初的な、というのは、もっと源泉《スルス》に近い、唯一の同じ源泉に近い、ということである）。そういうところではどこにでも、光はある。いたるところで光は強く命じてくる。つまり人々が、つい昨日まで、宗教を免れていると、あるいは宗教に対立していると素朴に信じていたもの、そして今日、その未来をもう一度考えねばならないもの（啓蒙＝光明、Aufklärung, Lumières, Enlightenment, Illuminismo）を命じてくる。次のことを忘れないようにしよう。バンヴェニストによれば、インド・ヨーロッパ語は、「宗教自体や崇拝＝祭祀、祭司はおろか、個人的な神を指す」共通の語彙などは手にしていなかったが、「神〔deiwos〕の観念そのもの」に関してはすでに結集していたのであり、その「固有＝本来の意味」は「光り輝く」もの、「天上の」ものという意味である☆1。

9

この同じ光のなかで、同じ空のもとで、目下のところ、三つの場所の名をあげておこう。つまり島、約束の地、砂漠である。これらの場所はみなアポリアを孕んだ場所である。出口もな

★4　原語はギリシア語であり、それぞれphos, phainesthai, phantasmaである。最初のphosは、それに続く二つの語の語幹phaを形成するのであり、「光、明るさ、言いかえれば〈そこにおいてなにかあからさまなものが、それ自身について見られることができること〉」（ハイデガー『存在と時間』、桑木務訳、岩波書店、一九六〇年、上巻、六二頁）を意味する。二番目のphainesthaiは、「白日の下にもたらす、明るみに出す」を意味する動詞phainoの中動態である。この語を介して、光と現象（phénoménon）との、さらには現象学（phénoménologie）との結びつきが生まれる。三番目のphantasmaは、一般に「現われること」を意味する。これが、phantôme（幻の現われ、幽霊）を経て、ラテン語のspecere（見る）を語源にもつspectre（亡霊）に結び

く、確かな道もない。通路も到達点もなく、その外部の地図が予測可能ではなく、プログラムが計算可能でもない。この三つの場所が、いま、此処で、私たちの地平を比喩的に形象化している。（ただし、問われているのは、むしろある種の地平の不在を考え、語ることだろう。ここで課せられている時間的な制約のなかでは、それをすることは困難であろうが。逆説的にも、地平の不在が、未来《アヴニール》そのものを条件づけている。出来事の出現が、あらゆる期待＝予期の地平に穴を開けるはずである。その結果として、この三つの場所のいずれにおいても、なにか深淵のようなものが待ち構えているのではないかという危惧、懸念が生じる。たとえば、それは砂漠のなかの砂漠であり、そこでは到来するはずのもの、——おそらくは——到来するかもしれないものの到来は予期することができず、また予期してはならないものである。それは来たるがままにさせるべきであり、到来するがままとどまるものである。）

私たちはみな出自によって地中海人であり、各自が一種の磁力に導かれて地中海人であるのだが、多くの差異にもかかわらず、全員がある種の現象学（すなわち、やはり光）によって方向づけられたのは、はたして偶然であろうか。今日、この島に集まっている私たちは、多かれ少なかれ非公式なかたちでお互いを選択し、承認しているのだが、そういう私たちみなが、ある

つく。（ほぼ松葉祥一氏の註釈に基づく。録して深く感謝する。）

☆1 E. Benveniste, *Le Vocabulaire des institutions indo-européennes*, Paris, Ed. de Minuit, 1969, t. 2, p. 180（エミール・バンヴェニスト『インド＝ヨーロッパ諸制度語彙集』前田耕作監修、蔵持不三也ほか訳、言叢社、一九八七年、第二巻、一七二頁）。私たちは頻繁にバンヴェニストを引用することになるが、そのことは結果として彼に責任を負わせることにもなる。たとえば、まさしく太陽とか光に関する場合に、またそれのみならず他のあらゆるものの場合であっても、自信をもって「本来的な＝固有の意味」について語るという責任である。この自信はかなり過剰であり、ただたんに問題を孕んでいるというだけではすまされないように思われる。

日、フッサールの現象学から一定の距離を取るよう試みたこと、宗教テクストの釈義・註解に多くを負っている解釈学に惹かれたことは、はたして偶然であろうか。そのことを考慮すると、いっそう回避できない義務が生じると言える。すなわち、このような暗黙のうちに結ばれている契約、あるいはこうした私たちの「集合的存在」がたしかに排除するにちがいない人々がいるということ、そのことを忘れてはならないという義務である。彼らに発言権を与えることから始めなければならないし、始めるべきだったのである。

11

さらにまた、是非は問わないまでも、私がとりあえず自明性であるとみなすものを思い出しておこう。私たちの宗教に対する関係、しかじかの宗教に対する関係がどのようなものであれ、私たちは聖職者という地位に結ばれた司祭ではなく、神学者でも、資格と能力をそなえた宗教の代表者でもない。また、啓蒙時代のある種の哲学者は宗教そのものの敵であると考えられていたと思われるが、そういう意味において、私たちは宗教そのものの敵でもない。しかし、そのこと自体によって、私たちはある別のものを共有しているように思われる。すなわち、慎重な仕方で言わねばならないが、政治において、普遍化可能なモデルとして共和主義的民主主義と呼ばれているものに対する、無条件な愛好ではないにしても、留保のない嗜好である。それはつまり哲学を公共の事象に、公開性に結ぶもの、さらには日の光に、啓蒙に、公共空間の見識ある美徳に結ぶものへの嗜好である。哲学を、あらゆる外的な権力（宗教から独立していない権力、世俗化していない権力）から解放するもの、たとえば教義学や正統教義論や宗教的権威（ただし、それはある種のドクサの体制、信仰の体制のことであり、すべての信《フォワ》のことを意味するわけではない）から解放するものへの嗜好である。このことと類比されるようなやり方で（この点にはあとでも触れるが）、私たちはおそらく、少なくとも此処でいっしょに討論している限り、できるかぎり長い期間にわたって、このような慎重な態度、宙吊りのままにとどめておく態度を、ある種のエポケー（判断の中断）へと転置させるように試みるだろう。このエポケーは、「たんなる理性の限界内で」宗教を考えること、宗教が現われるようにさせること に存する。こういうエポケーが正しいのかどうかはわからないのだが。というのも賭けられているものがあまりにも大きいからである。

12

関連する問いがある。こうした「カント的な」ふるまい方は、今日、どういうことなのか。カントの著作のように、今日、『たんなる理性の限界内における宗教』と題された書物を書くとすれば、それはどのようなものに類似するであろうか。別の本で示唆しようとしたことがあるが、そういうエポケー〔判断の中断〕はまた、ある政治的出来事が出来《しゅったい》する好機を与える。☆2 さらにこのエポケーは、民主主義の歴史に属してさえいる。とりわけ神学的言述が「否定の道〔via negativa〕」というかたちを取らねばならなかったときに、そうである。また、神学的言述によって、隠遁的な共同体や秘儀伝授的《イニシエーション》な教育、〔聖職者たちの〕ヒエラルキー〔位階制＝階層秩序〕、砂漠、秘教的な〔孤島への〕閉じこもりが規定されて命じられたように思えるところにおいても、そうである。☆3

13

カプリ島はけっしてパトモス島にはならないだろうが、とにかく島よりも以前に〈約束の地〉があったはずだろう。〈約束の地〉について、いかに即興で語るのか、そして思いがけず自分がそれについて語っているのに気づくようになるのか。この主題の底なしの広大さを前にして、どうしておそれずに、またどうしておののかずにいられようか。〈約束の地〉という形象はまた、場所の約束と歴史性とのあいだの本質的な結びつきではないだろうか。歴史性ということで、今日、私たちは一つならずのことを意味することができよう。まず宗教という概念の鋭く尖った特性であり、そういう宗教概念の歴史の歴史である。さらには、宗教概念を告げる諸言語のうちで、またその名のうちで、複雑に錯綜している系譜の数々である。よく見きわめ

☆2　Cf. *Sauf le nom*, Paris, Galilée, 1993, ***notamment*** p. 103*sq.* デリダ『名を救う』、小林康夫・西山雄二訳、未來社、二〇〇五年、とりわけ九七頁以下を参照されたい。

☆3　私はここで、自分の論考を参照していただくようお願いせざるをえない。すなわち、« Comment ne pas parler? »（「いかに語らないでいられるか」）*Psyché*, Paris, Galilée, 1987, p. 535*sq.*, である〔この論考は、『プシュケー——他なるものの発明 II』藤本一勇訳、岩波書店、近刊、において、日本語に翻訳される予定である〕。そのなかで私は、ここに類似している文脈において、より精密な仕方で、階層秩序《ヒエラルキー》および「場所政治学（topolitologie）」のテーマを取り扱った。

るべき点は次のことだ。すなわち信《フォワ》は、必ずしも宗教に同一視されてこなかったし、今後ともそうであろう、また神学とも――むろん、神学と宗教とは別のものだが――必ずしも同一視されてこなかったし、今後ともそうであろう、という点である。すべて聖性〔sacrarité〕というもの、そして神聖さ〔sainteté〕というもの。それらは必ずしも宗教的〔religieux〕であるとは限らない。つまりその「宗教的」というタームの厳密な意味において、宗教的であるとは限らない（そういう語の厳密な意味がある、としての話であるが）。私たちは、この「宗教」という名〔語＝名詞〕の生成と意味論にもう一度立ち返って再検討してみる必要があるだろう。まずこの名のローマ的西欧性を通してそうするべきであろう。そして同時に、この名がアブラハムに由来する諸宗教の啓示と結んでいる緊密な絆を通して、そうすべきだろう。アブラハムに由来する諸宗教の啓示《レヴェラシオン》というのは、たんに出来事であるというだけではない。啓示という出来事が到来するのは、ただ次のような意味を自らに与える仕方でのみ、すなわち歴史の歴史性を巻き込む《アンガジェ》という意味、また出来事の出来事性を巻き込むという意味を、自らに与える仕方においてのみ到来するのだ。「信」の経験、「神聖なもの」の経験、「無傷なもの」や「無事なもの」の経験、「聖なるもの」の、「神的なもの」の経験などの諸経験とは異なって、また、ひとが疑わしい類推によって「宗教」と呼びたくなるような他の諸構造とも異なって、聖書における啓示、コーランにおける啓示は、啓示そのものの歴史性と切り離すことができない。たしかにメシア的地平、あるいは終末論的地平がこの歴史性の限界を区切っている。が、しかしまず初めにこの歴史性を開いたあとで、そうしているだけである。

14

まさにそこにこそ、ある別の歴史の次元、ある別の歴史性がある。つまり、私たちがさきほど挙げた歴史性とは異なる、ある他なる歴史性があるだろう。もっとも、こういう他なる歴史性は前者の歴史性をいわば入れ子状に掘り下げているのであるというわけではないとすれば、の話であるが。このような歴史性の歴史を、今日、「たんなる理性の限界内における宗教」を論じるために、どのようにして考慮に入れればよいのか。「たんなる理性の限界内における宗教」を今日の姿に合わせて最新版にするために、政治的な、技術科学的な理性の歴史を、どうやってそこに書き込めばよいのか。それのみならず根源悪の歴史、根源悪の形象の歴史、形象といってもたんに形象ではなく――そこにこそ悪のすべてがあるのだが――たえず新たな悪を産み出す根源悪の形象の歴史を、いかにしてそこに書き込めばよいのか。カントは「人間の心の根本的な堕落」（『たんなる理性の限界内における宗教』第一部、3節）について語っている。私たちはいまや、それが一つではないことを知っているし、またそれが、まるでそれ自身の比喩形象や転義を産み出すだけであるかのように、最終的・決定的に与えられているのでもないことも知っている。

カントは、聖書が根源悪の歴史的な、また地上的な性格をまさしく「表象している」こと、むろんその理由は、人間の「弱さ」というものによっており、聖書はこうして「表象のやり方〔Vorstellungsart〕」をただ利用しているだけなのだが、それにしても、とにかく根源悪の歴史的、地上的な性格をまさしく「表象している」ことを思い出すよう促している。ただし私たちは、そのことがはたしてカントの意図に合致しているのかどうか、と問うことはできる。たとえカントが、理性にとっては考えようのない悪の合理的な起源を説明するために苦闘しているのだとしても、そうである。そして同時にカントは、聖書の解釈は理性が管轄する能力の範囲を超えているとともに、これまで存在した「公的な宗教」のうちで、唯一キリスト教のみが「道徳的な」宗教でありえただろうと主張している（「第一総註」の末尾）。奇妙な命題であるが、しかしこの命題のもつ諸前提のおのおのにおいて、きわめて真剣に受け止める必要がある。

15

カントは明白に述べているが、彼の見るところでは、実際に宗教には*二つ*の親族しかないのであり、要するに*二つの源泉*、*二つの源*＝系統しかない。それゆえ二つの系譜しかないのであるが、なにゆえそれらに同じ一つの名、固有名もしくは普通名がついているのか問われるべきなのである。すなわち*たんなる祭祀・崇拝*の宗教〔des blossen Cultus〕は「神の御心・寵愛」を求める

イタリック

のだが、結局のところ、また本質的には、自分で動こうとはせず、ただ祈りと願望を教えるだけである。人間はそこでは、善い人間にならねばならぬ、ということがない。つまり、たとえ罪からの赦しをえるということによってであるにせよ、より善い人間にならなければならない、ということはない。道徳的な〔moralische〕宗教のほうは、人間の生における善行に関わる〔die Religion des guten Lebenswandels〕。すなわちそれは行為を命じ、知を行為に服すようにさせ、行為から知を分離する。この目的に向かって、道徳的な宗教は行動することで、人間がより善い人間になるよう命じる。「そこでは、次の原則が価値をもつ。『神が人間の救済のためになにをなすか、なにをなしたかを知ることは本質的なことではなく、それゆえ各自にとって必要なことでもない。そうではなく、神の助力にふさわしいものとなるために自分自身がなにをするべきかを知ることこそ本質的なことであり、それゆえ各自にとって必要なことである』。」カントはこのようにして「反省的な〔reflektierende〕信」の概念を定義しているが、この概念の可能性はたしかに私たちの議論の空間そのものを開くことができるだろう。反省的な信は、基本的に言って、いかなる歴史的な啓示にも依存しておらず、だから純粋実践理性の合理性に合致している。それゆえ知を超えた仕方で、善意志を好意的に促進するのである。こうして反省的な信は、「独断的・教条的な〔dogmatische〕信」に対立する。反省的な信が独断的な信とはっきりと対照をなすのはどこかと言うと、それは独断的な信が知っていると言い張り、したがって信と知との差異を無視するところである。

ところで、こういう対立の原理は、ただたんに定義をなすものでも、分類をなすものでも、理論的なものでもないだろう。だからこそ私はこの対立の原理を強調するのであるが、それはたんに同じ名のもとにある異質な諸宗教を分類するのに役立つだけではない。そうではなく、この対立の原理は、今日、私たちにとって、あるカント的な意味での闘争の場（戦争の場ではないにしても）を定義してくれるだろう。今日なお、たとえ一時的にせよ、私たちがひとつの問題系を構造化するのを助けてくれるだろう。

私たちは、カントのテーゼに内包されている含意と諸帰結を、弱めることなしに測定する用意ができているだろうか。このテーゼは強く、単純で、眼が眩むほどであると思える。すなわちキリスト教は、本来的な意味で「道徳的な」唯一の宗教であり、それゆえある任務がキリスト教に、キリスト教のみにとくに課せられている。その任務とは、「反省的な信」を解放するということである。したがって必然的に、純粋な道徳性とキリスト教とはその本質において、また概念において不可分であるという帰結になる。純粋な道徳性がなければ、キリスト教もない。というのもキリスト教の啓示は、道徳性の観念そのものに関して、本質的ななにものかを私たちに教えているからである。そうであるからには、純粋な道徳《モラル》の観念であって、キリスト教的ではない観念というのは、不条理であろう。そんな観念は、悟性と理性を超えており、い

イタリック

わば語義矛盾であるということになろう。定言命法の無条件的普遍性は福音書的である。道徳法則は、〈受難《パッション》〉の記憶として、私たちの心の奥に刻まれている。道徳法則が私たちに語りかけるとき、それはキリスト教徒のイディオム（固有語法）を語る――さもなければ、黙したままである。

　このカントのテーゼは（私たちはのちにそれを、私たちが世界ラテン化と呼ぶこと〔mondialatinisation〕と関連づけたいと思うが）、その内容の核においては、ニーチェのテーゼでもあるのではないか。たしかにニーチェは、カントに対して仮借のない戦いを続けた思想家ではあるけれども。ニーチェならば「ユダヤ・キリスト教」と言ったであろうが、とにかく彼がとくに狙っている標的のうちで聖パウロが占めている位置を考えると、ニーチェが深く遺憾に思っているのはキリスト教であり、キリスト教におけるある種の内面化の運動であって、ニーチェは、その運動に最大の責任を負わせている。ニーチェの眼から見れば、ユダヤ人やヨーロッパのユダヤ教は、少なくとも抵抗の動きが起こるときには、ある絶望的な抵抗を構成していることになろう。ある一定のキリスト教に対する最後の内的抗議であろう。

　このテーゼはおそらく世界の歴史のなにごとかを語っている。それ以下ではありえない。そこで、あまりにも図式的ではあるにせよ、このテーゼの可能な帰結のうちの二つと、他の多くのパラドクスのうちの二つのパラドクスを示唆しておこう。

（1）カントは、「反省的な信」の定義のなかで、また純粋な道徳性の観念をキリスト教の啓示に分かちがたく結んでいるものの定義において、ある単純な原理の論理、すなわち私たちが先ほど字句どおりに引用した論理に頼っている。道徳的な仕方で行動するためには、要するに、あたかも神は存在しないかのように、もはや私たちの救済には関わらないかのようにふるまうべきであるという論理である。それこそ道徳的であり、それゆえキリスト教的なのである。もし道徳的であることが、キリスト教徒にとって義務であるならば。善意志に従って行動するとき、もはや神のほうへ向いてはならない。要するに、あたかも神が私たちを見捨てたかのように行動すること。実践理性の「公準」の概念は、神の存在《エグジスタンス》、自由あるいは霊魂の不滅、徳と幸福との結合を考えること（だが、また同時に理論的に宙吊りにすること）を可能にすることによって、いま述べたような根本的分離を保証している。そして、要するに、理性的かつ哲学的な責任を引き受け、また〔神による〕放棄の現世的な帰結、経験における、この地上での帰結を引き受けている。これは次のようなことを別の言い方で言っていることではないか――つまり、キリスト教がその道徳的使命に応えることができるのは、そして道徳がそのキリスト教的使命に応えることができるのは、ただ現世において、現象的歴史のなかで、神の死に耐えるときにおいてのみである、それも〈受難〉の形象の数々を超えて耐えるときにおいてのみであるということだ。さらに言えば、キリスト教とは、〈啓蒙＝光明〉の近代性の時点で、

イタリック

カントによってこのように告知され、想起された神の死のことであるということだ――まさにこのことを言いかえているのではないか。そうだとすれば、おそらくユダヤ教やイスラム教は、今日の世界がキリスト教化されていくなかで、神の死や神における死を意味するものすべてに対してなお反逆している最後の二つの一神教ということになろう。神の死を認めないのと同様に神における多様性（受難、三位一体、など）も認めない、異教的ではない、二つの一神教ということになるだろう。★5 この二つの一神教は、「一神教」とは唯一神への信仰《クロワイヤンス》を意味すると同じくらい〈一なるもの〉への信、生き生きしている〈一なるもの〉への信を意味することを、なにがなんでも想起させるという点で、ギリシア・キリスト教的ヨーロッパ、パガニスム・キリスト教的ヨーロッパの心情とはかなりの程度縁遠いものであり、神の死を意味するようなヨーロッパともかなり縁が薄いものである。

（2）こうした論理。その形式的厳密性。その諸可能態。それらを考慮してみて、ハイデガーはある他なる道を開いているのではないか。実際、彼は『存在と時間』のなかで、根源的な良心（Gewissen）、根源的に責任ある－罪ある－負債のある存在（Schuldigsein）、あるいは根源的な証言（Bezeugung）は、前－道徳的な性格であり、かつ前－宗教的な性格であると主張している。さらには、「倫理的〔éthique〕」という語が、もしも、エートスの意味のうちで、派生的であり、不適切なものであって、ずっとあとになってから到来したと思われる意味へと参照するのだとすれ

★5 「異教的ではない」ということは、ギリシア・ローマ的ではない、あるいはギリシア・ローマ的な神話・宗教とは異なる、という意味あいであろう。

ば、そういう意味あいでの「倫理的《エティック》」ではなく、前‐倫理的な性格であるとも言っている。そうすると、ひとは道徳を宗教に、ここではキリスト教に溶接しているものの手前のほうへ立ち返ることになろう。それによって、原則的には、ニーチェ的な道徳の系譜学を反復することが可能になる。ただし、この道徳の系譜学を必要な箇所ではいっそう脱キリスト教化するのであり、またニーチェ的な系譜学に残っているかもしれないキリスト教的な根元《スーシュ》をさらに根絶やしにするのである。こういう戦略はきわめて手の込んだ戦略だが、ハイデガーにとって必要なものだった。というのもハイデガーは終始キリスト教に対する批判を止めなかったし、キリスト教から距離を取ることも止めなかったからである。それもかなり激しいやり方でそうせざるをえなかった。なぜなら存在論を反復することや実存論的分析論のなかに含まれている、ある一定の原キリスト教的モチーフを否認したいと思っても、もう遅すぎるかもしれないという懸念があっただけにますますいっそう激しい仕方になったのである。

私たちが、ここで、一つの「論理」、その「形式的厳密性」、その「諸可能態」、と呼んでいるもの。それらは何なのか。法則そのものであり、一つの必然性であろう——つまりそういう必然性は、さまざまな「立場」のあいだで、おそらく無限のせり上げを、そしてきわめて危うい不安定さをもたらす動きを、プログラム化する必然性である。これらの「立場」は、同じ「主体たち」によって次々と継起的に、あるいはまた同時に占められることが可能である。さまざまな「原理主義」や「伝統完全保存主義」は、今日、一つの宗教からまた別の宗教へと、このようなせり上げを極端に誇張化している。この点にはあとでも触れるが、ちょうど世界ラテン化（神の死の経験としてのキリスト教と遠隔技術的な科学に基づく資本主義とのあの奇矯な結合）が覇権主義的に競い合うと同時に限界に達し、きわめて強大であると同時に消耗の途上にあるときに、もろもろの「原理主義」や「伝統完全保存主義」はそうしたせり上げをひどくエスカレートさせているのだ。「消耗の途上にある」といっても、このせり上げに関わっている人々は、あらゆる方向へと、あらゆる「立場」に応じて、同時に、もしくは代わる代わる、こうしたせり上げを極端へと導いていくおそれがある。

それは、狂気じみたこと、私たちの時代における絶対的アナクロニー（時間錯誤）ではないか。自己（への）同時代性からの離脱、まさに今日、全体のぼんやりと曇った陽光ではないか。

16

こうした反省的な信の定義は、『たんなる理性の限界内における宗教』の各部の末尾に添えられた四つのパレルガ（付録）のうちの最初のもののうちに現われている。これらのパレルガは著作を全体として構成する部分というわけではない。それは『たんなる理性の限界内における宗教』の「内部に属しているのではない」が、その著作に「隣接し」、「添えられて」いる。そのことを私が強調するのは、いわば神学－トポス論的な理由からであり、さらには神学－建築術的な理由からである。つまりこれらのパレルガは、私たちがおそらく目下のところ、自らの省察を書き込むことのできる周縁《ふち》の位置を定めているのである。このことは、次のような事情があるだけにいっそう強調しておきたい。すなわち、第二版で付け加えられた第一付録《パレルゴン》は、道徳的に異論の余地なく認められるものについて、超越的諸問題に関する困難を取り除くという、副次的任務《パレルゴン》を定義している。道徳的なイデー（理念）たちは、ひとがそれらを宗教という領界へと翻訳するときには、それらのイデーの超越性がもっている純粋さを変質させる。二つの仕方で、二度にわたって、変質させる可能性がある。つまり二乗されたもの（四辺形）をなすのであるが、こういう四辺形は、今日、世界の各地で、「宗教の名において」犯されている悪の諸形態を分析するためのプログラムに枠組みを与えることができるだろう。ただし適切な置き換えを行なうことを十分に考慮するならば、の話ではあるが。ここでは、そのタイトルと、まずその基準（自然／超自然、内的／外的、理論的光／実践的行為、事実確認的／行為遂行的）を示唆することだけで満足しておかねばならない。（1）いわゆる内的な経験（恩寵の効果の経験）の領域――イリュミネ（天啓派）の狂信《ファナティスム》や熱狂〔Schwärmerei〕。★6（2）いわゆる外的な経験（奇蹟的なものの経験）の領域――迷信〔Aberglaube〕。（3）超自然的なもの（秘密〔Geheimnisse〕）の考察において、いかにも悟性のものであるかのようにみなされる照明・天啓

★6　イリュミニスム（illuminisme）は、「天啓主義、照明説」などと訳されるが、ヤーコプ・ベーメやエマヌエル・スウェーデンボリなどの神秘思想からインスピレーションを受けつつ、神によって直接的に鼓吹され、啓示されたイリュミナシオン（照明）を信仰する神秘思想の潮流。オカルティスム、カバラ説、錬金術などにも影響を受けている。十七世紀、十八世紀から、スペイン、フランス、ドイツなどで、さまざまな流派が現われた。イリュミネ（illuminés）は、「天啓派、照明派」などと訳されるが、そういうイリュミニスム（illuminisme）を信奉する人々、その神秘主義的流派である。

――イリュミニスム（天啓主義、照明主義）、信徒の達人妄想。（4）超自然的なものへと作用を及ぼすかのような危うい試み（恩寵を得る手段）――呪術・魔術。

　マルクスが宗教の批判をあらゆるイデオロギー批判の前提とみなしたとき、また彼が宗教を、まさしくイデオロギーであるとみなし、さらにはあらゆるイデオロギーや物神化《フェティシザシオン》の運動そのものの母型とみなしたとき、マルクスの意図や意向は、望むと望まざるとにかかわらず、このような合理的な批判のパレルゴン的枠のうちに収まっているのか。それともマルクスは――たぶんこちらの説のほうが真実に近いようだが、しかし証明するのは難しい――カントの根本的にキリスト教的な公理論を、すでに脱構築しているのか。それは、私たちの問いのなかでも最も晦渋な問いの一つかもしれない。というのもマルクス的な批判の諸原理そのものが、まだ、信と知の異質性、実践的正義と認識とのあいだの異質性に訴えかけていないのかどうかという点は、確実ではないからである。しかるにこの異質性は、究極のところでは、『たんなる理性の限界内における宗教』を貫く発想やその精神に還元しえないというわけでは、おそらく、ないだろう。次の点を考えあわせると、ますますそう言える。つまりさきほど触れたような悪の諸形象は、信の行為（信仰の業〔acte de foi〕）というものがそうであるところの、あの「信用〔crédit〕」を、一方では信じるに足るものとして認めると同時に、他方ではまったく同様に信じるわけにはいかないものとして貶めるからである。悪の諸形象はそのように宗教に頼ること、信の原理に頼ることを排除もするが、しかしそれと同じくらい説明もする。おそらく悪の諸形象はかつてないほど宗教に頼ること、信の原理に頼ることを必要とし、求めているのだ。たとえ、その宗教に頼り、信の原理に頼ることというのは、さきに述べた「反省的な信」という、根本的に信に基づく形式における〈宗教に頼ること〉にほかならないとしても、そうなのである。そしてこの〔宗教に頼り、信の原理に頼ることという〕メカニック（力学、機械仕掛け）、宗教の機械的＝自動的な回帰。私がここで問いたいのは、それである。

17

その場合、今日、「自然宗教」へと戻ることなく、実際に普遍的であるような宗教を、――たんなる理性の限界内において――、どう考えるのか。普遍的であるからといって、もうキリスト教的パラダイムにもアブラハム的パラダイムにもとどまらないような宗教を、どのように考えるのか。そうした「書物」の企画の試みはどうようなものであろうか。というのも『たんなる理性の限界内における宗教』という書物とともに問われているのは、ある一つの〈世界〉、一巻の〈旧約－新約聖書〉でもあるような一つの〈世界〉であるからだ。こんな試みに一つの意味や好運《チャンス》はあるのだろうか。地政学的な一つのチャンスや意味が？ それともこのようなイデーそのものが、そのオリジンにおいて、またその究極＝目的において、キリスト教的であるままにとどまっているのだろうか。そしてそれは必然的に一つの限界、他の限界と同じような一つの限界なのだろうか。ひとりのキリスト教徒とは――ユダヤ教徒であれ、イスラム教徒であれ同じことだが――、こういう限界に関して、またこの限界の実在や、それがまったく別の限界へと還元される可能性、限界というものの一般に通用している形象へと還元される可能性に関して、疑念を深めているような人間のことであろう。

18

以上のような問いを心に銘記しつつ、私たちはそこに二つの誘惑がありうることを推測できるだろう。一つは、これらの問いの図式的な原理において、「ヘーゲル的」なものであろう。すなわち存在神学《オントテオロジー》であり、それは、『精神現象学』や『信仰と知』の結論部において記述される最終的な運動の過程で、絶対知を宗教の真理として規定している。実際、そうした結論部は、「神そのものが死んだ」という感情に基づいて立てられる、一つの「新しい時代の宗教〔Religion der neuen Zeit〕」が予告されている。そこでは、「無限の苦悩」はまだ「契機〔rein als Moment〕に」すぎない。経験的実存の精神的・道義的なサクリファイスが始まる日付としては、絶対的〈受難〉、あるいは思弁的な聖金曜日〔spekulativer Karfreitag〕のみがあげられている。★7 独断的・教条的な哲学や自然宗教は消滅すべきである。このうえない「厳しさ」、このうえなく厳しい不敬虔から、つ

★7 これらの記述は、ヘーゲル『信仰と知』（上妻精訳、岩波書店、一九九三年）の末尾に読まれる。「聖金曜日」は、古高ドイツ語 chara（「悲嘆」という意味）に金曜日をつけた言葉であり、キリストの受難の日を指す。ヘーゲルは、この「聖金曜日」に思弁的な意味あいを認め、イエスにおける受肉や受難、死という運命を介して初めて、神と人間との合一、真の自由が生じるとした（加藤尚武ほか編『ヘーゲル事典』、弘文堂、一九九二年に基づく）。

まりケノーシス説、最も重大な神の喪失〔Gottlosigkeit〕の空虚から、★8 最も晴朗な自由が、まさにその最高の全体性において甦らなければならない。存在神学は、信や祈りやサクリファイスからは区別され、宗教を解体するけれども、しかしもう一つのパラドクスが生じる。それは、おそらく存在神学こそが、逆に、信が神学的になることを教え、また、信が教会的な、宗教的なものになることを教えるというパラドクスである。

さきほどあげた二つのうち、他の一つの誘惑は「ハイデガー的」なタイプのものだろう（誘惑という語を保持しておくべき理由は十分にあると思う）。それは存在神学を超えている。つまり存在神学が祈りやサクリファイスを知らない地点において、超えている。あらゆる啓示＝開示〔Offenbarung〕よりももっと原初的＝根源的に自らを現わすような光である啓示可能性〔Offenbarkeit〕が、その光をおのずから現わすがままにしておかねばならないだろう。さらに、神－学〔théo-logie〕すなわち神に関する言述、信仰や啓示に関する言述と、神－論〔théio-logie〕すなわち神的な存在に関する言述、神的なものの本質や神性に関する言述とを、区別しなければならないだろう。聖なるもの《ル・サクレ》の経験、神聖なもの《ル・サン》の、手つかずなままの、害されておらず、無事なもの〔sauf, heilig〕の経験、そうした損害なく無傷なものの経験〔expérience indemne〕を目覚めさせなければならないだろう。ハイデガーが挙げている語〔heilig〕から出発して、あとで私たちはこれらの語たちの連鎖にあらゆる注意を傾けることになろう。このドイツ語の意味論的な歴史は、し

★8 「ケノーシス〔Kenosis〕」は、『新約聖書』、パウロ「ピリピ人への手紙」、第二章、七節、「イエス・キリストはおのれをむなしうして、僕《しもべ》のかたちをとり、人間に似た姿になられた」のなかの「むなしうする＝空無にする〔kenoo〕」に由来する。宗教改革以降、ルター派のなかで、キリストの属性をめぐる論争が行なわれたさいに、その人間的・人格的属性を主張する仕方で、ケノーシス説は唱えられた。イエスは神の相貌において存在したが、神としての立場をむなしくして、人間の立場にとどまるとされる。イエスの神的属性よりも、歴史的、時代的、場所的な制約のうちにある人格的属性を強調している。

かしながらエマニュエル・レヴィナスが維持しようとした厳密な分離には従わず、抵抗するように思える。レヴィナスは、一方で自然的な聖性〔sacralité〕、「異教的な」、さらにはギリシア・キリスト教的な聖性と、他方で、ローマ的宗教以前の、あるいはその下での（ユダヤ教の）律法の聖潔性〔sainteté〕とのあいだに、厳密な分離を維持したいと望んでいるけれども、そうした厳密な分離には逆らうように思われる。☆4

「ローマ的」なもの☆5に関して言えば、ハイデガーは、『存在と時間』以来、さまざまなキリスト教的モチーフを存在論的、実存論的に反復するとき、それらのモチーフを、その根源的可能性まで掘り下げると同時に中身をくりぬくような作業を続けてきたのではなかったか。まさにローマ以前的な可能性だろうか。その数年前、一九二一年に、ハイデガーはレーヴィットに向かって、自らの「われ在り〔je suis〕」の事実性を構成している精神的な遺産を引き受けるために、「私はひとりの『キリスト教神学者だ』」と自分で言わねばならない、と打ち明けなかっただろうか。その意味するところは、「ローマ的」であるということではない。この点には、またあとで戻ることにしよう。

19

私たちがいまそのなかで苦闘しているアポリアは、その最も抽象的な形式において言えば、お

☆4 レヴィナスが *Du sacré au saint : Cinq nouvelles lectures talmudiques*, Paris, Ed. Du Minuit, 1977（『タルムード新五講話――神聖から聖潔へ』内田樹訳、国文社、一九九〇年）で用いているラテン語の（さらにはローマ的な）単語は、言うまでもなく、ヘブライ語の単語（kidouch）の翻訳にほかならない。

☆5 たとえば、ハイデガーの『追想』（*Andenken*, 1943）を参照されたい。「詩人たちがその本性のなかにいるとき、彼らは預言者的である。しかし彼らはこの名称のユダヤ・キリスト教的な意味で「預言者」なのではない。これらの宗教の「預言者」たちがまず預言するのは、まったくのところ、聖なるものを前もって基礎づける言葉（das voraufgründende Wort des Heiligen）にとどまることはない。彼らはただちに神のことを告知するのであ

そらく次のようなアポリアであろう。啓示＝開示可能性（Offenbarkeit）は、啓示＝開示（Offenbarung）よりももっと根源的なものであり、それゆえすべて宗教というものから独立しているのか。つまり啓示＝開示可能性は、その経験の諸構造のうちで、さらにはそれに関わる分析論のうちで、あらゆる宗教から独立しているのか。その点にこそ起源の場があるのではないか、つまり「反省的な信」そのものではないにしても、少なくともある一つの「反省的な信」の起源となる場があるのではないか。それとも逆なのだろうか。啓示＝開示という出来事は、啓示可能性そのものを、そして光の起源、始原的な光、可視性の不可視性そのものを啓示することに存した、ということになるのだろうか。信仰者や神学者ならば、おそらくそう言うだろう。とりわけ原始キリスト教的信仰をもつキリスト教信者や、ハイデガーが多くを負っているのを自認しているルター派の伝統における原キリスト教的信仰（Urchristentum）を抱く信徒ならば、そうであろう。

20

こうして、夜闇の光がますます見通しがたくなってくる。終わりへと急ぐために、歩みを速めよう。ここで向かうのは、ある第三の場である。それは、原‐始原的なものよりもさらにそれ以前のなにかでありえたかもしれない場であろう。このうえなく無秩序的＝非起源的

り、ひとはやがてその神に頼るのであって、それはちょうどこの大地を超えた彼方の浄福における救済の保証に頼るように神を頼みとするのだ。人間たちと神々との関係のローマ的解釈という事柄（eine Sache der römischen Deutung）にとどまっている「宗教《ルリジオン》」の「宗教的なもの」によって、ヘルダーリンの詩作を歪めてはならない。」詩人は「見る者」（Seher）でも「占い師」（Wahrsager）でもない。「詩作的に前もって言われる聖なるもの（das Heilige）はひとえに神々の出現する時間‐空間を開くことのみを行ない、そしてこの大地の上において歴史的運命に懇請された人間が住む場所（die Ortschaft des Wohnens）を指し示すことのみをなすのだ。（略）ポエジーの夢は神々しいが、しかしポエジーは神を夢見るのではない」（*Gesamtausgabe*, t. IV, p.

〔anarchique〕であり、文書に書き記して保存することの不可能な場。それは島でも約束の地でもなく、ある種の砂漠であろう。聖書において啓示が起こる砂漠ではなく、砂漠のなかの砂漠である。他方の砂漠を可能にし、開き、掘り下げ、無限なものにするような砂漠である。極度の抽象作用というエクスタシス（脱自）、あるいはエグジスタンス（脱目性としての実存）。ここで、道もなく、内部もないこの砂漠の「うち」で方向づけるものがあるとすれば、それはやはり一つの **religio**（細心なためらい、慎み、逡巡）の可能性、そして **relegere**（集中して熟慮すること、再開始するために再び集めること）の可能性であろう。それは確かなのだが、しかし、それは **religare**（結びつけること、再び結ぶこと）という「絆＝紐帯」よりも以前のことである。つまりそれとしての人間同士の絆、あるいは人間と神の神性とのあいだの絆以前のことである。★9（**religion** の語源として **religare**〔結びつける、再び結ぶ〕をあげる説は問題が多く、おそらくあとになってから再構成されたものである。）さらに言えば、**religio**（細心なためらい、慎み）の、そして **relegere**（再開始するために再び集めること）の可能性というのはまた、そういう「絆」の条件、その最小限の意味論的規定にまで縮減された「絆」の条件のようなものであろう。すなわち、細心なためらい（religio）という停止・休止、恥じらい＝慎みによる控え目な自制であり、またハイデガーが『哲学への寄与論稿』で語っている、ある一定の **Verhaltenheit**（抑制、控えること）であり、尊重・敬意であって、反復すること〔控え、自制しつつ、繰り返すこと〕を引き受ける責任である。つまり、他者へと自らを結びつけるために自分自身を自分

114; trad. française par Jean Launay, in *Approches de Hölderlin*, Paris, Gallimard, 1973, pp. 145-146〔『追想』、ハイデッガー全集、第4巻『ヘルダーリンの詩作の解明』所収、濱田洵子、イーリス・ブッハイム訳、創文社、一九九七年、一五六頁〕）。

二十年近く経ったあと、一九六二年においても、ローマに対する、つまり宗教の本質的にローマ的な形象に対するこの抗議は、執拗に続く。この抗議においては、近代の人間中心主義《ヒューマニズム》、技術、政治、そして法が同じ布置のうちに結び合わされている。ギリシア旅行の途中、アテネ郊外の高地にある、ギリシア正教のカイザリアニ修道院を訪れたあと、ハイデガーはこう記している。「その小さな教会にあるキリスト教的なものには、いまもなお古代ギリシア的なものと協和する名残が含まれている。ローマ

に結びつけ、拘束する決定、あるいは肯定（re-legere）という保証＝担保のなかで、反復することを引き受け、責任をもつことである。たとえひとがそういう「結びつき」、もっぱら信用に基づくこの「結びつき」を、社会的な絆＝紐帯とか他者一般への絆とか呼ぶことがあるにしても、こうした結びつきはどんな規定された共同体よりも先行しているのであり、すべての実定的《ポジティヴ》な宗教にも、あらゆる存在論－人間学－神学的な地平にも先立っているだろう。この結びつきはまったく純粋な単独者＝特異な者たちを結ぶだろう。それも、どんな社会的・政治的な規定以前に、またすべての相互－主観性よりも前に、聖なるもの（あるいは神聖なもの）と俗なるものの対立以前に、それらに先立ってそうするだろう。それゆえ、それは一種の砂漠化〔désertification、無人化、空白化〕に似ている可能性もある。その危険は否定できない。が、しかし砂漠化は――逆に――、それが脅威を与えているように見えるものそのものを、同時に可能にするのだ。砂漠の抽象作用は、そのこと自体によって、その抽象作用がそこから逃れているものいっさいに場を与え、生じさせる可能性がある。その結果として、次のような両義性あるいは二重性が生まれる。つまり宗教的なものが強く牽引するのか、それとも逆に引き下がり、退くのかという両義性、宗教的なものの抽象か、それともその引き算〔soustraction、抜き取り〕か、という両義性である。こうした砂漠のような **re-trait**〔宗教的なものが再び強く牽引すること、かつまた同時に引き下がり、後退すること〕――そういう **re-trait** は、次のようなにかを反復することを可能にするだろう。

教会とその神学の教会政治的－法律的思考（dem kirchenstaatlich-juristischen Denken）に屈しまいとする精神の統治（das Walten eines Geistes）が、そこにはある。現在、この修道院の館がある場所には、かつて、アルテミスに捧げられた「異教の」聖域（ein "heidnisches" Heiligtum）があったのだ。」（*Aufenthalte*, *Séjour*, Paris, Ed. du Rocher, 1989, trad. par F. Vezin, p. 71〔『滞在（ギリシア紀行）』、ハイデッガー全集、第75巻『ヘルダーリンに寄せて』所収、三木正之、アウフレード・グッツオーニ訳、創文社、二〇〇三年、二七八頁〕）。

それに先立つ箇所で、コルフ島（またしても、一つの島なのであるが）を望む海域を航行中に、ハイデガーはこう想起している、ゲーテにとっては、もう一つ別の島、シチリア島こそがギリシアにより近いように

イタリック

つまり、ひとがまさにその名においてこの〈宗教的なものの再－牽引＝後退〉に抗議したいと望んでいるものを生じさせた、と思われるなにかを反復すること、すなわち、ひとはたんなる抽象という空虚や無規定性〔l'indéterminé〕にただ似ているだけのものに対して抗議したいと望むとき、まさにその名において抗議しようとするのであるが、そういうものを生じさせただろうと思えるなにかを反復することである。

すべてを簡潔に言う必要があるので、これらの起源の二重性に、二つの名を与えておこう。なぜなら、ここでは、起源は二重性そのものだからである。一方も他方もそうなのだ。これら二つの源泉、砂漠のなかのまだ見えない二つの井戸、あるいは二つの足跡を名づけよう。なお「歴史的な」二つの名を与えておこう。ある一定の歴史の概念はたしかに不適合になっているけれども。それを行なうために、一方で「メシア的なもの」を、そして他方でコーラ〔khôra〕を参照することにしよう。――こうすることは、とりあえずそうするのであり、教育的な配慮や修辞学的な目的のためであることを、強調しておく――。私は以前、別のところで、もっと細心に、もっと忍耐強く、そして自分の希望としてはもっと厳密な仕方で、「メシア的なもの」とコーラ〔khôra〕を論じたことがある。[☆6]

思えた、と。さらに、この同じ想起の記述において、「近代的ヒューマニズムの光」に照らして見られた「ローマ的－イタリア的な〔römisch-italienischen〕ギリシアという輪郭」と、「機械の時代」の到来とが、端的に結びつけられている（*ibid.*, p. 19〔同書、二五四頁〕）。そして次のことも思い出しておこう。つまり、島というものが、繰り返し現われ、私たちの執着する場所を比喩形象化するのであるから、このようなギリシアへの旅は、とりわけハイデガーにとって、デロス島、すなわち明らかに眼につく島、あるいは明白に表示された島の傍らにおいて、「慎み＝恥じらい〔Scheu〕」のなかでの「滞在〔Aufenthalt〕」、「休止〔halte〕」であり、また、そのデロスという名を通した瞑想、すなわち非隠蔽性《デヴォワルマン》の沈思黙考であり続けることを、想起しておこう。デロ

21

第一の名——メシア的なもの、あるいはメシア待望思想なきメシア性。それは未来〔avenir、来たるべきもの〕への開き、もしくは正義《ジュスティス》の到来としての他者〔l'autre、他なるもの〕の来訪への開きであろう。ただし、そういう開きは予期＝期待の地平もなく、預言的な前兆もないままに生じることである。他者の到来＝来訪が、まったく単独の出来事として生起するとすれば、それはただ、いかなる予測によっても来るのに備えることができないようなところにおいてのみである。また他者＝他なるものと死が——そして根源悪が——、いついかなるときでも不意を襲う可能性のあるところにおいてのみ起こるのだ。歴史を開く可能性であると同時につねに歴史を中断する、あるいは少なくとも歴史の通常の流れを中断する可能性。この歴史の通常の流れというのが、哲学者や歴史家、そしてまたしばしば革命の古典（的な理論家）の語っている歴史である。歴史そのものを中断し、引き裂くこと、そしてそこで次のような決定をしつつ、歴史をなすこと。つまり他者＝他なるものがやって来るままにする決定、一見すると他者による決定というパッシブなかたちを取る決定。そういう決定をしようと決断しつつ、歴史をなすこと。そこでは、決定は、それ自体、私のうちにあると思えるときにさえ、そもそもつねに他者からくる決定である。しかも、このことは私に対していかなる責任を免除するものではない。

ス、それはまた「聖なる」あるいは「健やかで無事な」島（die heilige Insel）なのである（*ibid.*, p. 50〔同書、二六八—二六九頁〕）。

★9　バンヴェニストは、**religio**（ラテン語）の語源に関する、「長期にわたる論争」をほぼ次のように解説している（『インド＝ヨーロッパ諸制度語彙集』第二巻、二五六—二七〇頁）。この語 **religio** には、元来「宗教」という意味あいはなく、「ためらい・躊躇」や「不安」を意味した。キケロは、それを理性の働きや感情の起伏を表現する **legere**（集める、心を落ち着かせる、認識する）に結びつけ、**relegere**（再び集める、新たな選択のために再び取りあげる、再構成のために以前の総合的状態に帰る）を **religio** の語源であるとした。それに対して、キリスト教徒は、信仰心の絆の意味あいをもつ

メシア的なものは絶対的な不意打ちにさらされており、たとえつねに平和や正義という現象的形式のもとにあるにしても、最善のことにも最悪のことにもきわめて抽象的に自らをさらしながら、最善を予期すると同時に最悪も予期しなければならない（予期することなく待っていなければならない）。というのも最善のことは、最悪のことの可能性が開かれるのでなければ、けっして進行しないからである。ここで問われているのは、「経験の一般的構造」である。こうしたメシア的なものの次元は、いかなるメシア主義＝メシア待望思想にも依存しないし、いかなる限定された啓示にも従うことなく、またいかなるアブラハム由来の諸宗教にも属さない。（たとえ私が、ここで、「私たちだけのあいだの話」として、このメシア的なものの次元に、アブラハム由来の諸宗教によって刻印を受けた名のいくつかを与えなければならないとしても、そうである。私がこれらの名を続ける基本的な理由は、言語や場所、文化、さしあたって頼るべき修辞、歴史的戦略などの理由であり、それについては後述する機会があるだろう。）

22

こうした待つことには、ある抗しがたい正義への願望＝欲望が結びついている。定義からして、こういう待つことは、なにものによっても保証されていないし、保証されるべきでもない。それとしての知や意識、予見可能性、プログラムなどによっては、いかなるものによって

religare（再び結ぶ）を語源とした。『religio という用語は信仰心の絆から導き出された。神が人間を自分と結び、信仰心によって繋いだからである』。これは、religio の内容そのものが変化したことによる。キリスト教徒にとって、新しい信仰を異教から際立たせるものは信仰心の絆であり、信徒たちの神への帰依、つまり用語本来の意味での義務であった。religio の概念は、人間がみずから神との関係を打ち立てるという考え方に基づいて改変された」（同書、二六三頁）。

☆6 *Khôra*, Paris, Galilée, 1993（『コーラ』、守中高明訳、未來社、二〇〇四年）。*Spectres de Marx*, Paris, Galilée, 1993（『マルクスの亡霊たち』、増田一夫訳、藤原書店、二〇〇七年）、および *Force de loi*, Paris, Galilée, 1994（『法の力』、堅田研一訳、法政大学出版局、一九九九年）、を参照

も保証されない。こういう抽象的なメシア性は、そもそも初めから、〈信〉の経験、信じることの経験に属している。知へと還元されることのありえない信用の経験、証言することにおいて〈他者との関係〉いっさいを「基礎づける」信頼性の経験に属しているのである。このような正義〔justice〕のみが——私はそれを法〔droit〕とは区別するが★10——、諸種の「メシア待望思想」を超えて、おのおのの単独者＝特異な者たちが〔特異性であるままに〕普遍化可能であるような文化を希望するのを許してくれるだろう。つまり、その文化においては、翻訳という不可能なことが、それでもなお抽象化された可能性として自らを告げることのできるような文化を希望するのを認めるだろう。正義は、約束とか信の行為とか信への呼びかけのうちに、あらかじめ書き込まれている。すなわち、あらゆる言語活動《ランガージュ》という行為や他者への語りかけに住みついている信への呼びかけのうちに、前もって刻印されている。このような信、つまりあるなにか別の信＝信仰ではない、あるいはまた他のあらゆる信＝信仰以前である、まさにこうした信が普遍化可能であるような文化。そういう文化のみが、「宗教」について、ある「合理的な」、普遍的な言述を行なうことを可能にしてくれる。こういうメシア性は、当然のことながら、あらゆるものをこそぎ落としているのであり、このドグマをもたない信は、絶対的な夜の危険のなかを進むのであって、私たちの伝統において受け入れられている、どんな対立、たとえば理性と神秘性との対立のような対立のうちにも含み込まれることがないだろう。ある純粋に合理的な分析

されたい。

★10　『法の力』には、次のような記述が読まれる。「法（droit）は正義＝正しさ（justice）ではない。法は計算の領域《エレマン》であり、そして法が在ることは正しいことであるにしても、正義は計算不可能であり、正義は計算不可能なものによって計算することを要求する」（Jacques Derrida, *Force de loi*, Galilée, 1994, p. 38. デリダ『法の力』、堅田研一訳、法政大学出版局、一九九九年）。

イタリック

が、毅然としてたわむことなく熟慮しながら、次のようなパラドクスを明るみに出すとすれば、そういうところではどこでもこうしたメシア性は自らを告げるだろう。すなわち、法の基礎づけ——法の法、制度の設立、憲法制定の起源——は、ある「行為遂行的な」出来事であり、そういう出来事が基礎づけ、創設し、正当化するもの総体には自らは所属しえない出来事である、というパラドクスである。こうした出来事は、その出来事が開き、始めるものの論理のうちでは正当化しえない。★11 それは、決定不可能なものにおける他者の〔他なるものから来る〕決定である。そうすると理性は、そこに、モンテーニュとパスカルが異論の余地のない「権威の神秘的な基礎づけ」と呼んだものを認めねばならない。★12 このように理解された意味での神秘的なものは、信仰を、あるいは信用、信に基づくもの、信頼によるものを、そして秘密（ここでは〈神秘的なもの〉とは秘密＝密かなものを意味している）を、基礎づけや知に結びつける。それのみならず同時に、「なすこと＝作ること〔faire〕」としての science〔学問＝科学〕に結びつける。理論、実践、理論的実践としての科学に、言いかえれば、ある種の信に、すなわち技術的科学や遠隔テクノロジーのもつ遂行性《ペルフォルマティヴィテ》と高性能な達成能力《ペルフォルマンス》とに結びつけるのだ。こういう基礎づけが、自らの基盤を抉《えぐ》りとりつつ、基礎づけるとき、つまり自分が基礎づけるものの地盤の真下で逃げ去るとき、そしてそれがそうやって砂漠のうちへと迷い込み、自分自身の痕跡までも失い、秘密の記憶をも失うとき、まさにその瞬間に、「宗教」は始まらざるをえず、再び

★11 「正義の、そして法の出現そのもの、法が制度づけられ、基礎づけられる瞬間、そして正当なものと根拠づけられる瞬間。そういう瞬間は、行為遂行的な力を含んでいる、すなわちつねに解釈を行なう力およびそれを信じるよう訴えかけることを当然のものとして含んでいる。そしてこのたびは、法が、従順な、服従した道具、それゆえ支配的権力の外的な道具として、力に奉仕するだろうという意味あいにおいてではなく、法がいわゆる力、権力あるいは暴力と、もっと内的な、もっと複雑な関係を保持しているであろうという意味あいにおいて、そうなのである。法の（あるいは権利の）意味あいにおける正義は、ただたんにある力が、もしくはある社会的権力が——たとえば、正義の外にあり、以前にあるような経済的、政治的、イデオロギー的な権

－開始せざるをえない。それもほとんど自動的に、機械仕掛けのように、機械的に、自発的に再開始せざるをえないのである。自発的＝自然発生的にというのは、この語自身が示しているように、源泉から自ずから湧き出してくるもの（sponte sua）の起源であるように思えると同時に、機械的なものの自動性も備えているという意味である。こういう「宗教」の再開始は、最善のものに向かっても最悪のものに向かっても同じようにありうるし、いかなる保証もなく、人間学－神学的な地平もなく、そうなりうる。もしこのような砂漠のなかの砂漠がないとすれば、信の行為も約束もないだろう。未来《アヴニール》もないし、死と他者を予期することなしに待つこともなく、他者の特異性への関係もないだろう。こういう砂漠のなかの砂漠の好運《チャンス》（たとえばギリシア的－ユダヤ的－キリスト教的な一つの伝統から発して、そういう領域において、通路を切り開いてきた「否定的な道《ヴォワ・ネガティヴ》」によく似ているもの、そこへと還元されることはないが、それに見まがうほどよく似ているもののチャンス）。そういうチャンスはどういうものかと言うと、それを担っている伝統の根底を抜き去り、無神学化《アテオロジゼ》することによって、抽象することであり、そうした抽象こそが、信を否認することをしないままに、ある普遍的合理性を解放すること、そしてそれと不可分な政治的民主主義を解放することである。

力、正義がそれに服従しなければならず、有用性に応じて順応しなければならないような権力が――稼働させられ、機能状態に入るというのとは違う。そもそも、それが基礎づけられ、創設される瞬間そのものは、けっして歴史の同質的布地のなかに書き込まれている瞬間ではない。なぜならその瞬間は、ひとつの決定によってそういう布地を引き裂くからである。しかるに、結局のところ法を基礎づけ、創設し、正当化することに帰着する操作は、ある力の一撃にうちに存している。すなわち行為遂行的な激烈さ《ヴァイオレンス》、それゆえ解釈を行なうような激烈さ《ヴァイオレンス》のうちに存しているのであり、そういう激烈さは、それ自体においては、正しいものでも不正なものでもなく、それに先行している、それ以前に基礎づけるものである、いかなる正義、いかなる法も、また、あらかじめ

イタリック

23

第二の名（あるいは、ファースト・ネーム以前の名）は、コーラ（Khôra）であろう。プラトンは『ティマイオス』のなかでコーラを示唆しているが、[★13] しかしそれをある首尾一貫した自己－解釈のなかに取り込むことはできないままそうしている。[☆7] ある一つのコーパス（資料総体）、体系、言語、文化の開かれた内部から発して、コーラは抽象化された間隔化（間《ま》の開き〔espacement〕）を位置づけるだろう。つまり場そのもの、絶対的外在性の場、しかしまた同時に砂漠へ近づく二つのアプローチが二又に分かれる分岐の場を位置づけるだろう。つまり、「否定的な道」の伝統における分岐である。「否定的な道」は、たしかにキリスト教のうちにその出生証書をもっているのだが、それにもかかわらず、もしくはキリスト教の内側からそれを突き抜けるかたちで、ある一つのギリシア的伝統に、すなわち存在を超えた彼方に〈在る〉もの〔epekeina tes ousias〕という思想の伝統に、自らの可能性を認める。このギリシア的――プラトン的、プロティノス的――伝統は、ハイデガーまで、さらにはその後にまで追求されている伝統である。「否定的な道」というこうしたギリシア－アブラハム的な異種交配は、それでも人間学－神学的なままである。私たちが知っているその諸形象や、その文化、その歴史のなかでは、「否定的な道」が語る「イディオム〔固有語法・特有言語〕」は普遍化可能であるとは言えない。こういう

存在しているいかなる基礎も、そんな激烈《ヴァイオレンス》さを保証することもできないし、反駁して無効にすることもできないだろう。」(Jacques Derrida, *Force de loi*, Galilée, 1994, pp. 32-33. デリダ『法の力』、堅田研一訳、法政大学出版局、一九九九年）。

★12 「言述することは、そこで、自らの限界に出会う――言述自身のなかで、自らの行為遂行的能力そのもののうちで。それこそ、私がここで、その構造を少しずらしつつ、またそれを全般化しながら、〈神秘的なもの〉と呼ぶよう提案しているものである。創設する行為の激烈《ヴィオラン》な構造のうちには、まさに閉じこもった沈黙がある。閉じこもった、閉じ込められた、と言うのはなぜかと言えば、この沈黙が言語《ランガージュ》の外部にあるのではないからだ。こういうわけで、モンテーニュとパスカルが権威の神秘的

固有語法《イディオム》は、もっぱら中東の砂漠の果てにおいて、あるいは砂漠を目指して語る。一神教の啓示の源、そしてギリシアの源において語る。今日、この島に集まっている私たちが、いったい「自分たち」はどこに自らを位置させるべきか、どこであくまで考えつづけるべきか、その場を決めようと試みることができるのは、まさにここにおいてであろう。遺産として与えられている名に、私たちはなおしばらくのあいだ、あくまでこだわって考えつづけるし、それは必要である。というのも、この境界にある場所に関して、新たな宗教戦争が、目下のところ、いままでにないほど激しく再展開されているからであり、またこの戦争が内的であると同時に外的な出来事だからである。この宗教戦争は、その地震のごとき擾乱を、次のようなグローバル化した世界性にじかに書き込んでいる。すなわち技術的科学であるもの、エコノミー的なもの、政治的なもの、法的なものの、もっぱら信用に基づく世界性にじかに書き込んでいる。それはさらに政治的なものの概念、国際法的なものの概念、ナショナリティ（国籍・民族性）、市民的な主体性、国家の主権性などの概念を、問いのうちへと巻き込む。これらの覇権主義的な諸概念は、支配権を目指してひとつの世界のうえへと広がろうとしている。が、しかし実はそれらの概念の有限性から発して、そうしているだけである。これらの諸概念の力がもたらす緊張の増大は、むしろこれらの諸概念の脆さということと両立不可能であるわけではないし、諸概念の改良可能性と両立しえないわけでもない。お互いに一方は他方によって想起されるという関係

基礎づけと呼ぶものを、たんなる註釈を超えて、いかなる意味あいで、私が解釈するよう誘惑されているのかということがわかるだろう」（Jacques Derrida, *ibid.*, p. 33. デリダ『同書』）。

★13　プラトンの『ティマイオス』によれば、造化の神デミウルゴスは、あらゆるマチエールに、〔永久不変のイデアに基づいた〕理想的なかたち《フォルム》を与えることで造化しようとするが、このときそうしたイデア的かたち《フォルム》を受け入れる場所のことが「コーラ」と呼ばれている。ただ、とりあえず「受け入れる場所」と言ったけれども、それは定まっている場所・地所・空間ではなく、むしろ間隔が開いて隙間（という場・空間）が開くことであって、そういうインターヴァル（あいだ）という隙間・空隙に、さまざまなかたち《フォルム》が受け入れられているように思われる。だから「コーラ」は存

がなければ、双方とも成り立たないのだ。

24

「イスラム教的＝イスラム主義的な」波が奔出して砕けつつ広がること。それを理解しよう、それに応答しようとすれば、まずこの境界的な場所の内部と外部とに同時に問いかけねばならないだろう。内的な説明（それとしての信仰や宗教、諸言語や文化の歴史の内部における説明）だけで満足するのではなく、こうした内部性と、一見したところ外部的な次元であるものすべて（技術的科学、遠隔－バイオテクノロジー的なもの、すなわち同時に政治的、社会・経済的でもあるものすべて）とのあいだの通過・移行の場を決めなければならない。一方で、ギリシア哲学とアブラハム的な諸啓示とを交配させた存在論－神学－政治的な伝統に問いかけながら、他方で、なおその伝統に抵抗しているもの、つねにそれに抵抗してきただろうと思えるものを、内から発して、あるいは内部において作用し、抵抗している一種の外から発して、試練にかけてみるべきであろう。コーラ（Khôra）、「コーラの試練[☆8]」は、少なくとも私が試みることができると考えたその解釈によれば、間隔化《エスパスマン》（間が開くこと）にとっての場の名、一つの、きわめて特異な場の名であろう。こういう間隔化（間が開く運動）は、いかなる神学的、存在論的、人間学的審級によっても支配されてしまうことがなく、時代も歴史もなく、あらゆる対立（たとえ

在するものでも存在しないものでもない、と言われる。「感覚的に捉えられるものでも知的に理解されるものでもなく、隠喩《メタファー》でも字義通りの指示でもなく、あれでもこれでもなく、あれでありかつこれである」（Jacques Derrida, *Khôra*, Galilée, 1993. デリダ『コーラ』、守中高明訳、未來社、二〇〇四年）。

☆7　私がここで参照していただくよう求めなければならないのは、このテクストについて行なった読解、とくに「いかに語らないでいられるか」（前掲の註3を見よ）、『コーラ』（前掲の註6を見よ）および『名を救う』（前掲の註2を見よ）のなかで、このテクストについて、私が提示した「政治的な」読解である。

☆8　*Sauf le nom*, Paris, Galilée, 1993, p. 95（『名を救う』、前掲書、八八―八九頁）、参照。

ば可感的／可知的）よりも「古い」ので、〈否定的な道〉の思想に応じる仕方で、自らを「存在を超えた」彼方として告げることもない。だからコーラは、歴史上の啓示や人間学‐神学的な経験のプロセスすべてに対して、絶対的に動かされないもの、異質なもののままとどまる。だが、他方で、それらのプロセスすべては、コーラの抽象を前提にしているのである。コーラはけっして宗教のうちへと入ってしまうことはないだろう。聖なるもの、神聖なものにされること、人間化されたり、神学化されたりすること、文化・教養的なもの、歴史的なものへとなりゆくことはけっしてないだろう。健やかで無事《サン・エ・ソフ》なもの、神聖なもの、聖なるものに対して根本的に異質であるから、コーラはけっして〔損害を〕償われる《アンデムニゼ》こと〔無傷なものへ復元される仕方で補償を受けること〕がないだろう。こういうこと自体、現在形で言われることはできない。というのもコーラは、けっしてそれとして自らを提示する〔現前化する〕ことがないからである。コーラは〈存在〉でも、〈善〉でも、〈神〉でも、〈人間〉でも、〈歴史〉でもない。コーラはつねにそれらに抵抗するだろう。コーラはどんな未来においてもつねにある種の無限の抵抗の場、無限に動じない残存〔restance〕の場そのもの——顔をもたない、まったくの他者——のままであり続けたことになるだろう（そしてこのように前未来形という動詞の時制をいかなる仕方で用いようとも、信仰もなく、法もないコーラが、再び適合化・固有化されたり、その方向へとたわめられたり、それを反映するものへと変えられたりしてしまうことはありえないままだろう）。

25

コーラはなにものでもない〔Khôra n'est rien〕、存在者ではなく、現前するものでもない。が、しかし〈無〔le Rien〕〉ではない。ダーザイン〔現存在〕がその不安のうちで、存在の問いへと開かれるような〈無〉ではない。このギリシア語の名は、私たちの記憶のなかで、再び適合化・固有化・所有化されることのないものを告げている。たとえ私たちの記憶、それも「ギリシア的な」記憶によってであっても、再び自己所有化しえないものを言っている。この名は、砂漠のなかの砂漠という、あの記憶を逃れ去るものを告げているが、そういう記憶を逃れ去るものにとって、この名は閾《いき》＝境界〔seuil〕でもないし、また喪に服するもの〔deuil〕でもない。このこと自体によって、次のような問いは開かれたままとなる。つまりこういう砂漠を考えることができるのか、私たちが知っている砂漠「以前に」――啓示の砂漠、神の引きさがりや生や死の砂漠、ケノーシスや超越の諸形象の砂漠、**religio** や歴史上の諸「宗教」の砂漠「以前に」――そんな砂漠が自らを告げるままにさせることができるのか、という問いである。あるいはまた、それとも、「逆に」、この後者の砂漠から「発して」私たちは最初以前の砂漠、私が砂漠のなかの砂漠と呼ぶものを捕捉するのだろうか、という問いである。こうした非決定の揺れ動き。前述の箇所でも問題になった、こんな自制＝慎み（啓示＝開示と啓示＝開示可能性とのあいだの、つまりOffenbarungとOffennbarkeitとのあいだの、出来事と出来事の可能性あるいは潜在性とのあいだの自制＝慎み＝抑制〔epokhè もしくは Verhaltenheit〕）、まさにそれ自体を尊重すべきなのではないか。これら二つの始原性《オリジン》、二つの源泉、つまり要約的に示唆する仕方で言ってしまえば、「啓示＝開示されたもの」の次元と「啓示＝開示可能なもの」の次元とのあいだでためらう、特異な非決定を尊重すること。あるいはそういう特異な非決定を誇張する仕方でせり上げるのを尊重すること。それこそ好運《チャンス》なのではないか。すべて責任ある決定ということのチャンスであり、また同時にあるもう一つの「反省的な信」のチャンス、ある新しい「寛容」のチャンスなのではないだろうか。

26

とりあえず「この場だけの」合意事項として、私たちは「寛容」に賛同するために此処にいるのだと仮定してみよう。むろんのこと、私たちは別に寛容を促進したり、実践したり、その基礎を築いたりする使命を帯びているわけではないにしても、である。そうすると私たちは、「寛容」というものが今後どのようなものでありうるかを考えてみようとするために、此処にいることになろう。そのさい、ただちに私はこの寛容という語を括弧に入れることにする。それは、この語を、もろもろの起源から抽出し、それらの影響を免れさせるためである。ということはつまり、この語を通じて、その歴史の厚みを横切るような仕方で、たんにキリスト教的なものではない一つの可能性を告げるためである。というのも、寛容という概念は、厳密に言えば、なによりもまずキリスト教に仕える、一種の召使いの位置に属しているからである。それは、文字通り——というのはつまり、この名のもとで、という意味であるが——キリスト教共同体の秘密なのだ。寛容という概念は、キリスト教信仰の名において印刷され、発行され、流布されており、カントが「反省的な信」と呼ぶものの出自——やはりキリスト教的出自——と無関係ではありえないだろう。さらには、カントにおける純粋な道徳性（キリスト教的事象としての道徳性）とも無関係とは言えないだろう。寛容の教えとは、まずもってキリスト教徒が自分たちこそ、そして自分たちのみが世界に与えることのできると考えた、模範的な教えであった。たとえキリスト教徒自身も、その教えを理解するすべを学ばねばならなかったとしても、である。この点に関して、フランス十八世紀の啓蒙＝光明〔les Lumières〕は、ドイツのAufklärungと同様に、本質的にキリスト教的であった。ヴォルテールの『哲学辞典』は、寛容について論じるとき、キリスト教という宗教に二重の特権を賦与している。一方で、キリスト教はたしかに模範的なまでに寛容であり、他のすべての宗教よりも前に、また他のすべての宗教よりも巧みなやり方で寛容を教える。要するに、ヴォルテールは、幾分カントの仕方に似た様式で、キリスト教は唯一の「道徳的な」宗教であると考えているように思える。というのもキリスト教は、模範＝範例を与えるべき、そして与えることのできる唯一の宗教とみなされているからである。こういう点を考慮すると、ヴォルテールをスローガンに掲げる人々の無邪気さがわかる。つまり批判的な近代性の闘い、さらにはもっと重大なことに、その未来へと向けた闘いのなかで、ヴォルテールをスローガンに掲げ、その旗印の下に結集する人々の無邪気さ、ときには愚かさがわかる。なぜなら、こうしたヴォルテールの教えは、他方で、「あらゆる人間のうちでも最も不寛容な☆9」キリスト教徒に向かって発せられたものだったからである。ヴォルテールはキリスト教とローマ教会を非難するとき、原始キリスト教の教えを引き合いに出す。「カトリックの宗教、教皇の、ローマの宗教」によって裏切られた「初期キリスト教徒の時代」、イエスと使徒たちのことを喚起する。「ローマの宗教」は、「そのすべての儀礼や教義において、イエスの宗教の対蹠物なのである☆10」。

ある一つの別の「寛容」。そういう他なる「寛容」がありうるとすれば、それは「砂漠のなかの砂漠」の経験に合致するだろう。そうした「寛容」は、無限の他者性の隔たりを、つまり単独なもの＝特異なものとしての限りない他者性の隔たりを尊重するだろう。そしてこの尊重ということは、やはりreligioであろう。細心なためらい、あるいは自制＝慎み＝抑制、隔たり＝距離、分離＝結びつきの解消、離接＝引き離しとしてのreligio——すなわち、反復が反復自身へと結びつく絆としてのあらゆる宗教の閾《しきい》からただちに発した、あるいはまたあらゆる

☆9　ヴォルテールは、「寛容とはなにか」という問いに対して、「それは人類《ユマニテ》＝人間性の特性」なのだと答えるのだが、たとえヴォルテールがそう答えるとしても、ここで、その「人類＝人間性」の卓越した範例、最も高い着想《インスピレーション》というのは「キリスト教的な」ままにとどまる。「あらゆる宗教のうち、キリスト教はおそらく、最大の寛容さを抱かせるにちがいない宗教である。とはいえ、現在まで、キリスト教徒たちはあらゆる人間のなかで最も不寛容な者ではあったのだが」（『哲学辞典』、「寛容」の項目）。「寛容」という語には、したがって、一つの物語が隠されている。すなわち、この語がまず物語るのは、キリスト教内部におけるある歴史と経験である。この語が発信するメッセージは、キリスト教徒たちが他のキリスト教徒たちに向けて送

社会的な、共同体的な絆（結びつき）の閾からただちに発した religio であろう[☆11]。

ロゴスの、すなわち太初《はじめ》にあったロゴス〔言《ことば》〕の以前においても以後においても。聖体の秘蹟（le saint-Sacrement）の以前においても以後においても。『聖書』のようなもろもろの聖なる書物の以前においても以後においても。

るメッセージなのである。キリスト教徒たち（「最も不寛容な者」）は、同じ宗教を信じるひとりの信者によって、また本質的に同じ宗教を信じる立場に立ったうえで、イエスの言葉へと、そして始原の本来的なキリスト教へと呼び戻される。もしも、あまりに多くの人々の感情を一度に害することも恐れずに言うとするなら、ヴォルテールとハイデガーは、彼らの激烈な反キリスト教的な姿勢によって、とりわけローマ教会に対する対立姿勢によって、そしてまた同様に、原始キリスト教への、ときにはノスタルジーに溢れた偏愛の姿勢を公言することで、同じ伝統に属していることになろう——つまり、原カトリック的なものという伝統である。

☆10　同書。

☆11　別の箇所（*Spectres de Marx, op. cit.*, p. 49『マルクスの亡霊たち』、前掲

書、六四頁以下〕）でそう試みたように、私が正義=正しさ《ジュスティス》の条件を考えてみたいと思うのは、ある種の結びつきの解消（déliaison）を起点として、なのである。つまり、分離=結合解消（dissociation）というこの秘密の可能性——つねに無事なものであり、また、つねに無事なまま救い出さねばならない可能性——を起点としてであって、結集（Versammlung）のなかにおいてではないのだ。ハイデガーは結集のほうへと正義を立ち戻らせるのだが、彼の示す配慮はおそらく、ある程度までは、正当なものかもしれない。それは、*Dikè*〔正義〕を、*Jus*〔法〕の権威から、また後代に現われる倫理的－法律的な諸表象から守ろうとする配慮なのである。

ポスト・スクリプトゥム（追記）

クリプト（Cryptes...）

27

［……］**宗教**〔la religion〕？　いま、此処で、今日の光のもとで、ひとがなお宗教について語らねばならないとすれば、おそらく宗教そのものを考えるよう試みるべきだろう。あるいはそのことに専心すべきであろう。なるほどそうであろうが、しかしまずなによりも肝心なのは、当然求められるべき厳密さとともに宗教を語り、その主題に関して意見を表明することである。すなわち慎み=自制、遠慮=控え目、尊重=尊敬、熱意=熱情とともに、要するに、一つの宗教が、その本質において、そうであるもの、もしくはそうであると主張するものが要求するreligio（ためらうほどの細心さ）とともに、そうしようと試みることである。それゆえ、この宗教とい

う名がそう示唆しているように、こうした本質について、なんらかの宗教－性＝細心－性〔*religio-sité*〕とともに語らねばならないだろう——もうすでに、そんな結論に達するよう誘われているかのようだ。その理由は、そこに関わらないものをなにも持ち込まないためである。そうすることで宗教の本質を、それがあるがままに、つまり手つかずの状態であり、無事であり、無傷なままであるようにしておくためである。無傷な〔indemne〕というのはどういうことかと言えば、宗教の本質は無傷なもの〔l'indemne〕でありたいと望むのであるが、そういう無傷なものの経験における「無傷な」ということである。無傷なもの《アンデムヌ》。それこそ宗教の事象そのものではないだろうか[☆12]。

とんでもない、むしろ逆である、と言う人もいるだろう。もしひとが宗教の名のうちで語り、宗教を、まるで鏡像のように、敬虔に＝細心に反映するだけで満足するなら、宗教について語ることにはならないだろう、と。さらに、別の人、あるいは同じ人は、こう言うだろう。そもそも、たとえ宗教上の帰属関係を一時的に宙吊りにするためであるにせよ、宗教と手を切るということ、それこそ、以前からつねに、最も本来的な信《フォワ》の、あるいは最も原初的な聖性《サクラリテ》の資源そのものではないだろうか、と。いずれにせよ、できることなら無宗教的な、さらには反宗教的なやり方で、いま現在において宗教とはなにでありうるのかということを、また宗教の名においてまさにこの瞬間に、世界のうちで、歴史のなかで言われていること、実行され、

☆12 〔ラテン語の〕indemnis——被害や損害〔damnum〕を受けなかった、という意味である。後者の damnum という語は、のちにフランス語の〈dam〔損害〕〉（« au grand dam〔……に迷惑をかけて〕»）を生じさせることになるのだが、dap-no-m を起源として生まれており、その dap-no-m は daps、dapis に結びつく。daps、dapis〔祝宴、饗宴、宴会の食事などを意味する〕はつまり、神々に捧げられる供犠、儀礼的な償いにおいて神々へと奉納される供犠のことである。この場合、補償作用＝無傷なものへと復元する作用〔indemnisation〕について語ることもできるだろう。私たちはそこここでこの語を用いることにしたい。そのわけは、補償のプロセスと復元作用——ときには供犠による作用であって、こういう復元作用は、手つかずの純粋さ、健やか

起こっていることを考慮に入れるべきだろう。つまり、そこでは宗教はもはやその名が映し出されもせず、ときにはその名を引き受けることも、その名を名のることさえもできないのであるが、そういう時と場所において、宗教の名で起こっていることを考慮すべきだろう。そして「今日のところ＝今日の光において〔à ce jour〕」とか「まさにこの瞬間に」とか「世界のうちで」とか「歴史のなかで」とかいうような言い方を、まるで通りすがりにそうするように、軽々しくしてはならないだろう。まさしくその場・その時に起こっていること、宗教の名のもとに、宗教の名において私たちのもとに再来し、私たちを不意打ちにしつつ起こっていることを忘れて、そんな言い方をすべきではないだろう。そこで私たちに起こっていること。それはまさにこれらの言葉すべてが言わんとしているとみなされることとの経験および根本的解釈に関わっている。すなわち、「世界」と「世界‐内‐存在」との結びつきであり、西欧的伝統（キリスト教的、あるいはギリシア・キリスト教的伝統、カント、ヘーゲル、フッサール、ハイデガーにまで至る伝統）における世界概念、歴史概念であり、またそれと同様に光の概念や現在的＝現前的なもの〔le présent〕の概念である。（もっとあとになってからであるが、私たちは、二つのモチーフを比較するようになるであろう。それらはどちらとも謎を含んだモチーフである。すなわち、一方で、現在的＝現前的なもの〔le présent〕の無傷なままの現前性《プレザンス》と、他方で、信仰《クロワイヤンス》における信じること〔croire〕である。さらにはまた、一方で、聖なる‐神聖なもの〔le sacro-saint〕、健

で無事な完全無欠性、侵害されていない清潔さおよび固有性＝特性を再び生じさせる——を同時に指し示すためである。それは、要するに「損害を受けておらず無傷な〔indemne〕」という語がまさに告げているものであり、つまりは、あらゆる冒瀆、あらゆる傷、あらゆる侮辱、あらゆる損傷以前の、純粋なもの、汚染されていないもの、触れられていないもの、聖なるもの《サクレ》、神聖なもの《サン》である。この語は、ハイデガーにおける heilig〔聖なる、健やかで無事な、手つかずの〕という語を翻訳するためにしばしば選ばれてきた。heilig という語は、ここで行なわれる考察の中心に位置するだろうと思われるので、私たちとしては、今後自らが「無傷な」、「補償＝無傷なこと《アンデムニテ》」、「補償作用＝無傷なものへと復元する作用《アンデムニザシオン》」などの語を使う場合の用い方を明確

やかで無事なもの、および、他方で、信《フォワ》、信頼性、信用である。）かつての宗教戦争と同様に、新たな「宗教戦争」がこの人間の土地（それは世界ではないが）において奔出しており、まさに今日、天上を（指先の合図と目配せだけで）意のままに支配しようと争っている。そこに関わっているのは、デジタル・システム、潜在的には直接的なパノプティコン（一望監視装置）的視覚化、「領空」、遠隔コミュニケーションの通信衛星、情報ハイウエイ、メディア的・資本主義的権力の集中化であり、もし三つの語で言うとすれば、デジタル文化、ジェット機、TVである。これらなしには、今日、いかなる宗教的な示威行動もない。たとえば、ローマ教皇の旅行や講話もないし、「原理主義的である」か否かを問わず、ユダヤ教、キリスト教、イスラム教の礼拝の、いかなる組織だった威光の波及もない。[☆13] こうすることで、サイバー空間化された、あるいはサイバー間隔化された宗教戦争はいったいなにを賭けて争っているのかと言えば、それは、「世界」の規定であり、「歴史」の、「光」の、「現在的＝現前的なもの〔le présent〕」の規定である。賭けられ、争われているものは、たしかに暗々裏のうちに潜んでいるもの、十分には主題化されていないもの、うまく分節化されていないものであるかもしれない。他方でまた、それは、他の多くの争点を、抑圧しつつ、隠蔽し、別の場所へと移し変えているかもしれない。つまり、抑圧におけるトピック（局所論）がつねにそうであるように、他の多くの争点を、別の場所や別のシステムのうちに書き込んでいるかもしれない。ただし、そのときには、

化しておく必要があったのだ。私たちは、この論考の以下の部分で、これらの語に、「免疫のある《イマン》」、「免疫性《イミュニテ》」、「免疫作用《イミュニザシオン》」などの語、とくに「自己‐免疫性〔auto-immunité〕」という語を、一貫して結びつけることになろう。

☆13　こうした点に関して、さまざまなイメージや指標、いわば現代のイコンと言えそうなものを多数あげたいのだが、その場所がない――それらのイコンとはすなわち、崇拝の諸現象や社会宗教的な諸現象をオーディオ・ヴィジュアルな仕方で表象するというかたちで組織化すること、あるいは構想すること（それを産み出す諸力、もろもろの構造、および資本）によるものである。デジタル化された「サイバー空間」において、〔眼や耳の機能を拡張した〕代行機器のうえにまた代行機器を積み重ねて、ひとつの天上の眼差

なんらかの徴候やファンタスム〔幻想〕、そして亡霊的なもの〔phantasmata〕が必ず伴われるのであり、それは問わねばならぬものだ。二つの場合において、そして二つの論理に応じて、私たちは次のことにとりかかるべきだろう。すなわち、まずすべての明確に表明された争点を、その最も深い根源性のうちで考察に入れる必要があり、さらにまた同時にこういう根源性の深奥がいったいなにを、その根のところまで潜在的に秘め隠している〔encrypter〕のかと問わねばならないだろう。明確に表明された争点は、すでに、限りがないように見える。すなわち「世界」とはなにか、「光」とはなにか、「現在的＝現前的なもの」とはなにか。（ということはつまり、すべての歴史、大地、人間の人間性、人間の権利、男性と女性の権利、社会の政治的・文化的オーガニゼーション、人間と神と動物とのあいだの相違、光の現象性、生命の価値あるいは生命の「無傷であること」、生への権利、死への対処の仕方、等々、が賭けられ、争われているということである。）

現在的＝現前的《ル・プレザン》なものとはなにか。言いかえれば、歴史とは、時間とは、存在とはなにか。その固有性＝特性（つまり、無傷であり、無事で健康であり、聖なるもので、神聖なものであって、heilig, holy なものであるという特性）において、存在とはなにか。神聖さ〔sainteté〕や聖なるものたること＝聖性〔sacralité〕については、どうだろうか。それは同じものなのか、そうではないのか。神の神性については、どうか。硫黄（*theion*〔神の語源とされる語〕）★14には、どれほどの

し、獣的なのか神的なのか、怪物じみた眼差しが、つまりCNNの眼のようななにものかが、常時、見張っている。エルサレムとその三つの一神教を。遠隔的なテレビ画像のレトリックに精通した教皇の旅行、その先例のないほどの多さ、スピード、広がりを。（教皇の最新の回勅——「福音生活〔Evangelium vitae〕」——は、中絶や安楽死に反対し、健やかで無事な生——無傷な、聖なる〔heilig〕、神聖な〔holy〕生——に賛成し、またそういう生が夫婦愛において再生されることに賛成している。つまり夫婦愛こそ、司祭たちの独身がそうであるように、後天性免疫不全症候群〔HIV〕ウイルスに唯一、対抗する免疫性であると想定されているから。この回勅はただちに流布され、大量に「市場化され」、CD-ROMで入手可能となっている。聖体拝領の秘

意味を与えることができるのか。こうした問いかけは、はたして上手な問いの立て方なのか。

28

宗教〔la religion〕？　単数定冠詞の付いたものとして？　おそらく、おそらくは、新たな「宗教戦争」の背後、宗教の名のもとに自らを提示するものの背後には、むろんのこと、別のものがあるだろう（そういうことはつねに可能なものとしてとどまるはずだ）。つまり、宗教の名において自己防衛したり、攻撃したり、殺害したり、自ら死に赴いたり、殺害し合ったりすること、そしてそうするために、明確に表明された争点を引き合いに出すこと、言いかえれば、昼の光に煌々と照らされて「無傷なものであること＝無傷なものへと戻そうとする補償〔l'indemnité〕」の名をあげること、そうしたことを超えてその彼方には、別のものが、つまり他の利害・関心（経済的な、政治的・軍事的な、等々の利害・関心）があるだろう。ところが、逆に、そうやって私たちに起こっていることが、指摘したとおり、しばしば（つねに、ではないにせよ）惨たらしい「宗教戦争」の未聞の諸形態において、悪の形象、最悪の形象を取っている場合でも、この惨たらしい「宗教戦争」のほうは、必ずしも自らの名を告げるとはかぎらない。というのも、一方で、ある種の「伝統完全保存主義」（現在の、また過去の）による犯罪、耳目を集める、野蛮な犯罪があり、他方で、その傍らにおいて、それに対抗して、重装備した

蹟における〔イエスの身体と血の〕現前のしるしまでもが「CD－ROM化され」ているのだ。）さらにまた、CNNの眼のようななにものかは休みなく見張っている。航空機によるメッカ巡礼を。一万人の観衆を前にして行なわれる多くの奇蹟を（ほとんどの場合、治癒《ヒーリング》という奇蹟であり、それはすなわち、無傷なもの、聖なる〔heilig〕、神聖な〔holy〕ものへと回帰することであって、補償作用としての奇蹟である）——それらの奇蹟は生中継され、CMも挿んだかたちで、アメリカのTVスタジオから放映される。そして眼のようななにかはまた、ダライ・ラマの、テレビ画像を用いた、国際外交も見張っているのだ。

　これらすべての現象の証言としての力は、世界人口の規模と進展にみごとに適合させられており、また現代の科学的技術力、経済的

武装勢力の戦争があるのだが、後者の武装勢力が自分ではそうと名のらないままに「宗教戦争」を行なっているのではないかという疑いは免れないからである。西欧諸国（ユダヤ・キリスト教的な）が行なっている戦争や軍事的「介入」は、最良の大義の名のもとに（すなわち国際法の名、民主主義の名、もろもろの人民や国民や国家の主権性の名、さらには人道的な必須の要請という名のもとに）実施されているけれども、ある面においては、やはり宗教戦争なのではないだろうか。この仮説は、必ずしも故意に評判を傷つけるためにするような悪意ある仮説ではないし、そもそも私の独創でさえない。ただし、さきほどあげた正当な大義が何世紀ものあいだ続いてきた古いものであるのみならず、まったく宗教性を免れているものでもある、と早急に信じる人々にとっては、話は別であろうが。宗教戦争をまさにそれとして規定するためには、宗教的なものの境界を明確に画定する必要があるだろう。宗教的なもののすべての賓辞《プレディカ》＝述語を判別することができるという確信がいるだろう（そしてそうすることは、あとで見るとおり、容易なことではない。宗教的なものには、少なくとも二つの親族《ファミリー》、二つの根元《スーシュ》、源泉があり、それらは互いに交差し、接木し合い、混交・感染し合うのだが、けっして一つに溶け合うことはない。さらに二つのうちの一方は、まさに無傷なもの（へ）の欲動＝衝迫〔la pulsion de l'indemne〕である。つまり混交・感染《コンタミナシオン》に対してアレルギーを起こしてやまないもの（へ）の欲動＝衝迫なのだ。ただし、自分自身による混交・感染に対してだけは別である。すなわち

能力、メディア的能力にうまく合致させられているのだが、超音速航空機やオーディオ・ヴィジュアルな通信網によってデジタル化された空間に集められると同時に、こうしてすばらしく強化されている。宗教の霊気《エーテル》は、ある種の潜在性――亡霊的な潜在性――をつねに歓迎して受け入れていることになるだろう。今日、ちょうど私たちの心の奥底の星空の崇高性のように、「CD－ROM化された」、「サイバー空間化された」宗教というのは、創設者の亡霊たちの、加速され、ハイパー資本化された再浮揚でもある――その再浮揚は、CD－ROMや人口衛星の天空の軌道のうえで、ジェット機、TV、Eメール、インターネットのネットワークのうえでなされるのだ。それは、顕在的に、あるいは潜在的に普遍化可能であり、ウルトラ国際化可能であって、新たな

自己－免疫的な混交・感染に対してだけは、アレルギー反応を起こさないのである。こうした仕組みは、まったく単純どころではない）。宗教的なものをまさにそれとして定める本質的な特徴。そういう特徴を、他の特徴、たとえば倫理的なものや法的なもの、政治的なものや経済的なものの概念を基礎づけている特徴から分離させなければならないだろう。しかるに、このような分離の作業ほど微妙な問題を孕んだものはない。いま仮に政治的なものの区分という領域に話を限るとしてみよう。私たちはしばしば政治的なものを区分したり、区分できると主張したりするけれども、そうすることを可能にしている根本的な諸概念はやはり宗教的であり、もしくはいずれにせよ神学－政治的である。一つだけ例をあげる。カール・シュミットは、十字軍のような宗教戦争における政治的なものを、そして政治上の敵を同定する目的で、政治的なものの領域を純粋なかたちで区分する（とりわけそれを、経済的なものとか宗教的なものとかから切り離す）試みを最も厳密な仕方で行なったけれども、そうした試みのうちの一つにおいて、自分が頼みとしたカテゴリー、見たところ最も純粋に政治的なものと思えるカテゴリーが、やはり教会的なものの還俗化・世俗化〔sécularisation〕の産物であり、また神学－政治的な遺産に基づく産物であることを認めざるをえなかった。★15 そしてシュミットが、その当時進行中であった「脱政治化」や、政治的なものの中性化のプロセスを非難し、告発したとき、それは明白にヨーロッパ法との関わりにおいてそうしたのだった。おそらくヨーロッパ法こそ、彼の眼

「協調団体《コルポラシオン》」——ますます国家権力から解き放たれている諸団体——によって具体化されるようになっている。（このとき、国家権力というのは、民主主義的であるか否かを問わないのであり、そのことは、よくよく考えてみれば、重要ではないのであって、こうしたことはいっさいは見直されるべきなのだ。ちょうど現状における国際法、つまり予見しえない、加速化された変容のプロセスの端緒にある国際法の「世界ラテン性」がそうであるのと同様に。）

★14「神の語源とされる語」——硫黄（theion）については、次のように記されている。すなわち、バンヴェニストは『インド＝ヨーロッパ諸制度語彙集』の第二巻で、まず《供犠》を示す共通用語は存在しないと前置きしたうえで、供犠について論じているのだが、供犠にかかわる各種の

から見れば、政治的なものに関する「私たちの」思考に切り離しがたく結ばれているものであったから。[☆14]これらの前提が受け入れられたと仮定しても、現今の宗教戦争が提起する未聞の諸形態は、政治的なものの境界画定という私たちの企図に対して、なおラディカルな異議申し立てを含んでいる可能性があるだろう。その場合、これらの未聞の諸形態は、私たちの民主主義の理念が、いまなお宗教的なものを伴っていることに対する一つの応答であろう。つまり私たちの民主主義の理念は、たとえば主権国家の概念、市民‐主体、公共空間と私的空間などの概念のように、自らの周りに法的な概念、倫理的な、政治的な概念を伴っているのであるが、実のところそれらの概念はある一定の宗教的根元《スーシュ》から派生したものを受け継いでいるのである。アクチュアルな宗教戦争が呈する未聞の諸形態は、そういうことに対する一つの応答であろう。

そうであるからには、現在の状況がいくら倫理的、政治的緊急性をもっており、それらの緊急性はすぐさま応答を求めて、待つことを許さないように思えるとしても、私がここでラテン語の名である「宗教〔religion〕」に関して省察を深めることは認められるだろう。ひとは、そういう省察を、学校における演習とか、文献学的な前置き《オードブル》とか、語源学に淫した贅沢な戯れとかみなすことはしないだろう。つまりそんな省察は、要するに判断や決定を宙吊りにしておくためのアリバイだとみなすこと、あるいは好意的に見てもせいぜい別のエポケー（判断の中断）なの

用語のうちに、ギリシア語の動詞 thuo《供犠を捧げる》という語があると言う。そして語源的にはギリシア語の派生語、すなわちホメーロスが《硫黄》を示すために用いた名詞 théeion ないし theîon と結びつけられるが、しかしながら「形容詞の theîos《神》とはなんら関係がない」と指摘されている（エミール・バンヴェニスト『インド＝ヨーロッパ諸制度語彙集』、第二巻、二二〇頁）。

★15　カール・シュミットは『政治神学』の「1　主権の定義」においてこう述べる。「主権者とは、例外状況に関して決定を下す者を言う。」そして「例外事例は、国家的権威の本質を最も明瞭にあらわす。ここにおいて、決定は、法規範から分離し、かつ法を作り出すために法を所有する必要がない、ということが権威を立証するのである。」また「例外は通常の事例よ

だとみなすことはないであろう。

29

宗教〔*la religion*〕？　その応答――「宗教とは応答である」。おそらくここにこそ、まず初めに応えるよう約束すべきことがあるのではないだろうか。さらに、応答する〔répondre〕とはなにを意味するのかを、そして同時に、責任＝応答〔responsabilité〕とはなにを意味するのかを、よく知らねばならない。またさらには、それをよく知り――そして信じなければならない。実際、責任＝応答の原理、つまり他者の前で、他者に向かって応えつつ、自己を受け合うべきであるという責任の原理がなければ、応答はありえない。そして誓いによる信〔foi jurée〕、証し＝保証＝担保〔gage〕、宣誓〔serment〕などがなければ、すなわちなんらかの誓いを立てること＝誓約〔sacramentum〕、慣用句に基づく誓い〔jus jurandum〕[★16]がないとすれば、責任＝応答はありえないのである。証言、宣誓、そして誓いによる信の意味論的歴史を（すなわち、宗教をその本来的な形態のもとで、あるいはまたその還俗化・世俗化した形態のもとで考えようとする者にとっては、けっして欠かすことのできない系譜学であり、解釈であるものを）考察すること。さらには、なんらかの「私は真実を約束する」ということ、「私が他者の前で、他者に（自分を）差し向け、語りかけるやいなや、私はそこに参入し、約束し、義務を負っている」ということ、「た

りも興味深い。常態はなにひとつ証明せず、例外がすべてを証明する。例外は通例を裏付けるばかりか、通例はそもそも例外によってのみ生きる。例外においてこそ、現実生活の力が、繰り返しとして硬直した習慣的なものの殻を突き破るのである」（カール・シュミット『政治神学』、田中浩、原田武雄訳、未來社、一九七一年）。

　そのうえで彼は、その「3　政治神学」の冒頭でこう書いている。「現代国家理論の重要概念は、すべて世俗化された神学概念である。たとえば、全能なる神が万能の立法者に転化したように、諸概念が神学から国家理論に導入されたという歴史的展開によってばかりでなく、その体系的構成からしてそうなのである（略）。例外状況は、法律学にとって、神学にとっての奇蹟と類似の意味をもつ。（略）現代の法治国家の理

とえ誓いに背くことになろうとも、あるいはむしろ、しばしばそうであるように、誓いに背くために、であったとしても、私はそこに参入し、誓約している」ということが、つねに作動し、働いているという点を思い起こすこと。それらの作業が必要となるだろうが、そうする以前にまず銘記しておかねばならないことがある。それは、**すでに私たちはラテン語を話している**、ということである。このことに注意を喚起するのは、今日の世界が宗教という名を挙げ、盾にとるとき、ひとはラテン語を話している（多くの場合、英米語を通じてそうしている）ということを想起してもらうためである。あらゆる差し向け＝呼びかけの源にあるものとあらかじめ想定されている、なにかしら宣誓した約束という企て。他者への差し向け＝呼びかけにおいて他者そのものから来たものである、そういう宣誓した約束という企て。そのようなのるかそるかの企ては、ただちに神を証人に立てるのであり、いわばもうすでに——ほとんど機械的＝自動的に——神を産み出してしまうということをしないわけにはいかない。「機械仕掛け《エクス・マキーナ》的に出現する」神の降臨。それは、不可避的なア・プリオリであって、ある種の超越論的な装置、つまり差し向け＝呼びかけの超越論的な装置《マシーン》を舞台上にのせることになろう。こうして、人々は、誕生したことのない〈一なるもの〉の絶対的な長子相続権を、いわばあとになってから遡行的に定立することから始めたことになるだろう。なぜなら、宣誓することは必ず神を証人に立てるからである。最も「世俗的な」誓約の証し＝保証のなかで、神が名

念は、理神論、すなわち、奇蹟を世界から追放し、奇蹟の概念に含まれている自然法則の中断、つまり直接介入による例外の設定を拒否する神学および形而上学を踏まえつつ確立してきたのである。啓蒙思想の合理主義は、いかなる形での例外状況をも否定した。したがって、反革命の保守的著述家の有神論的確信は、有神論的神学との類推によって、君主の人格的主権を、イデオロギー的に支えようと試みることができたのである」（同書）。

☆14　シュミットの政治的なものに関する理論、またそれゆえ宗教的なものに関する理論には、他にも多くの難点があり、反論が可能であるということは言うまでもない。この点については、*Politiques de l'amitié*, Paris, Galilée, 1994（『友愛のポリティックス』鵜飼哲・大西雅一郎・松葉祥一訳、みすず書房、二〇〇三

ざされていないときであっても、宣誓することは神を証人に要請することによって、あたかも神をすでにそこに在るものとして創り出し、神の加護を求め、神を呼び出すことをせざるをえない。それゆえ神は存在そのもの以前に、産み出されず、産み出されることのありえないものとして、要するに創出すること＝生産することの不可能なものとして、そしてその場に不在であるものとして、呼び出される。自らの場に不在である、創出不可能なものの産出と再産出。いっさいは、こういう不在の現前〔présence de cette absence-là〕から始まっている。「神の死〔複数形の、もろもろの死〕」ということ。それらは、キリスト教以前においても、キリスト教のうちにおいても、キリスト教を超えた彼方においても、そうした不在の現前ということのさまざまな形象であり、またその劇的な急展開にほかならない。産み出されることのありえないものがこのように再－産出されるということ――それは空虚な場である。神がなければ、絶対的な証人もない。証言することにおいて、ひとが証人として立てるはずの絶対的証人はない。しかし神とともに、であるならば、つまりある一つの現前する神、ある絶対的な第三者（terstis, testis）★17の実存とともに、であれば、どんな証明《アテスタシオン》も余分なもの、無意味なもの、二次的なものになる。どんな証明も、ということはすなわちどんな遺言＝契約＝証し〔testament〕も、ということである。神は抑えきれないほどの力で証人として要請されるのだが、そういうなかで、神はそのとき一つの証人の名としてとどまるだろう。神は証人として呼びかけられ、そう名づけられるだろう。

年、全二巻）を参照するようお願いする。

★16 sacramentum および jus jurandum について、バンヴェニストは次のように記している。「ギリシア語の dikē と同様、《法》と訳されるラテン語の ius には、《誓約する》を意味する派生動詞 iurare がある。（略）数多くの文献は、誓約すること（iurare）が古代ローマにおいて慣用句の言挙げ、つまり ius iurandum《誓約》、字義通りには《定式化すべき慣用句》を表わしたことを物語っている。用語の重複は、誓約行為の基本となるものを示す。実際、adiurat in quae adactus est uerba（彼は決められている文言で宣誓する）のように、誓約者は自分に課された慣用句を逐語的に繰り返さなければならない。」（エミール・バンヴェニスト『インド＝ヨーロッパ諸制度語彙集』、第二巻、一〇四頁）。

たとえ、ときとして、この名によって名づけられるものが、発音不可能なまま、規定不可能なままとどまるとしても。要するに、その名そのもののうちで、名づけえぬものにとどまるとしても。さらに、この名によって名づけられるものは、不在のまま、実存せぬままとどまるのであり、とりわけ、improductible なまま（この語のすべての意味において improductible なまま、すなわち創出されることがなく、生産されることがありえず、製作されることもできないものであるまま）とどまるに違いないとしても。神――「名づけられるもの－名づけえぬもの」としての証人である神、あらゆる可能な宣誓や証し＝担保の証人、ただし現前的かつ不在の証人である神。宗教は、私たちがこうして神と名づけるものと最小限の関係しかもっていないと仮定しても――ソノ仮定ニハ承認ガ与エラレテイナイノデアルガ――、宗教はまず名づけること＝命名行為の一般的歴史に属しているだろうし、それのみならず、ここではもっと厳密に言って、**religio** の名のもとにおいて、誓いを立てること＝誓約（sacramentum）と証し立てること＝証言（testimonium）の歴史に属しているだろう。ナポリの港からカプリ島まで、私たち参加者を運んでくれた船の上で、私は内心、この種の自明性、あまりに明快すぎるとも思える自明性を想起することから話を始めようと考えていたが、実際には、あえてそうするほどの勇気は出なかった。そのとき、私はまた同時に、心のなかで、次のように呟いてもいた。もしひとが〈理性〉と〈宗教〉とを、〈批判あるいは学問＝科学〉と〈宗教〉とを、そして〈技術的科学による

「Iurare とは《誓約する》と理解されるもの、すなわち、神の加護のもとにみずからを捧げる厳粛な行為などではない。誓約自体は sacramentum と呼ばれる約束で、この用語はロマンス系言語に生き続け、フランス語の serment（誓約）へと発展した。初期のローマでは、sacramentum は早くから軍事的な誓いを表す用語となってしまった。とすれば、ここでは2つの概念を区別する必要があるだろう。1つは神々にみずからを捧げる行為の sacramentum で、誓約に偽りがある場合には神々の復讐がもたらされる。もう1つは iurare で、言挙げされた慣用的表現を反復する行為である。」（同書、第二巻、一一一頁）

★17　第三者 tiers（terstis, testis）に関して言われていることは以下のとおりである。testis（証人）と arbiter や superstes との関係につ

近・現代性〉と〈宗教〉とを、これほど単純素朴に対立させ続けるとすれば、その限りにおいて、ひとは今日、「宗教の」と呼ばれる現象、もしくは「宗教的なものの回帰」と言われている現象に盲目となってしまうだろう、と。問われているのは理解することであると仮定してみて、もしひとがこうした対立を信じ続け、さらにはそんな両立不可能性を信じ続けるとすれば、ひとは「今日－宗教－とともに－世界－の内で－起きていること」に関して、なにものかを理解することになるだろうか。（そこには、なにゆえ「世界の内で」なのか、「世界」とはなにか、そもそもそうした予備的な想定とはなにか、等々の問いも内包されている。）ひとがこういう対立や両立不可能性を信じ続けるということは、言いかえると、啓蒙思想〔Lumières〕のうちの、ある一定の伝統のなかに、すなわち過去三世紀にわたる多様な啓蒙思想のうちの、ある一つの光〔lumière〕のなかだけにとどまるということである（そういう光は、ドイツ圏における啓蒙〔Aufklärung〕の光ではない。Aufklärung の光のもつ批判力は、宗教改革に深く根ざしている）。啓蒙思想のうちのこの光は、ある一定の警戒心、批判的で反宗教的な、つまり反ユダヤ教－反キリスト教－反イスラム教的な警戒心を、まるで一筋の線のように横切っている光であり、「ヴォルテール－フォイエルバッハ－マルクス－ニーチェ－フロイト－（さらにはハイデガーにまで至る）」思想上の、ある一定の類縁関係を横断している光である。こういう光のなかだけにとどまるならば、「今日－宗教－とともに－世界－の内で－起きていること」に関し

いて、バンヴェニストは『インド＝ヨーロッパ諸制度語彙集』において、次のように書いている。「Testis は両当事者には歴然と知覚される者、arbiter（審判者、証人）は盗み見、盗み聞きする者をさすのである」（同書、第二巻、一一四頁）。「事件に対する証人」を意味する superstes ――superstition（俗信、迷信的な、誤った宗教）へと派生する――について言えば、super は《～を越えて、～の向こうに》を意味する。「superstes は《なんらかの事件を切り抜け、それを越えて生き続ける》、すなわち、その証人であったことをも意味する。あるいはさらに、《ある事物の上に（super）ある（stat）（者）、そこに立ち会う（者）、居合わせた（者）》を意味する。」superstes と testis の違いについては、語源的には、testis は二者が関係する事件に《第三

て、ほんとうになにごとかを理解することになるであろうか。私たちは、さきほど触れた対立やそれがもたらしている限定された遺産（そもそも、そんな遺産は、批判者とは逆の側、すなわち宗教的権威の側によっても表わされているが）を超えて、その向こうへと理解を進めねばならないだろう。そうすることでおそらく私たちは、いったいどの点で、批判的な理性、技術的・科学的理性の揺るぎなく、絶えざる発展が、宗教に対立するどころか、むしろ宗教を担い、宗教を支え、宗教を前提にしているかということを、「理解しよう」とすることができるだろう。けっして簡単なことではないが、宗教と科学が同じ源泉をもっていることを証明しなければならないだろう（ここで私たちは理性を哲学に、そしてまた技術的科学としての学問＝科学に結びつけている。つまり知の産出の批判史に結んでいる。言いかえれば、産出＝生産としての知、savoir-faire〔実務能力＝手腕＝技量〕であり、遠隔的な操作・介入であるものとしての知、その本質からしてつねに高性能な達成能力《ペルフォルマンス》をもち、かつ遂行的なもの〔performatif〕である遠隔－技術科学としての知の批判史に結びつけている。）宗教と理性はともに、次のような共通の資源《ルスルス》から発して、展開している。すなわちあらゆる遂行的なものに伴う証し＝担保＝保証〔gage〕、証言的な証し＝保証から発して、ともに展開する。そういう証言的な証し＝保証は、応答するようにひとを巻き込み、義務づける。つまり一方で、他者の前で応答するように促すと同時に、他方で技術的科学の高性能な達成能力における遂行性〔performativité〕を受け合うように

者》（terstis）として居合わせる者を意味する。「この語義は共通インド＝ヨーロッパ時代にまで遡る。サンスクリット語の文献にも、《二者がいるところには、必ずミトラが第三者としている》とある。いわばミトラ神は、その本性からして《証人》なのだ。しかし、superstes は《証人》を、一方で《彼方でも生きる》者、つまり生き残る者として、他方で《ある事の上に身を置く》者、そこに居合わせた者として表すのである」（同書、第二巻、二六七―二六八頁）。

促す。こうした同じ一つの源泉が機械的に、自動的に自らを分割し、そして反作用的に自分自身に対立する。その結果として、一つの源のうちに二つの源が生じるようになる。そういう反作用性は、サクリファイスに基づく補償作用（無傷なものへと戻す作用〔indemnisation〕）のプロセスであり、自分自身が脅かしている無傷なもの《アンデムヌ》（害されていない無事なもの‐聖なるもの〔heilig〕）を、無傷なままに復元しようと試みるのだ。こうして、それはまた二なるものの可能性、n＋1（nプラス〈一なるもの〉）の可能性でもある。つまり、前に見たように、証言することにおいて「機械仕掛け的に出現する神」の可能性と同様な可能性でもある。応答するということに関しては、次のような二つのケースのうちのどちらかである。すなわち、一つの場合には、応答は、それとしての絶対的他者へと向かってなされるだろう。つまり、ある種の差し向け＝語りかけ、〔約束を信じ、厳守するという〕忠実さや責任のうちで理解され、聴き取られ、大切に守られた差し向け＝語りかけによって、絶対的他者へと向かう応答になるだろう。もう一つの場合には、応答は、言い返し、応酬し、反駁する応答になるだろう、そしてルサンチマン〔反感・怨恨〕と反作用性による戦争のなかで埋め合わせをし、自分自身に償いをしようとする（自分自身を無傷なものへと復元しようとする〔s'indemniser〕）だろう。これら二つの応答のうちの一方は、つねに他方に感染し、混じり合う可能性があるに違いない。それゆえどういう状況においても、それがどちらか一方の場合の応答である、と証明することはけっしてできないだろう。ある一つの規定的判断の行為、理論的な、あるいは認知的な規定的判断の行為においてそうすることは、けっしてできないだろう。私たちが信仰《クロワイヤンス》と呼ぶもの、信頼性〔fiabilité〕もしくは忠実さ〔fidélité〕、信託的・信用的なもの〔fiduciaire〕、つまり「信用・信頼にのみ基づくもの〔fiance〕」一般、さらには信《フォワ》の審級と呼ぶもの。それらのものが生じる場、そして責任＝応答とは、以上に述べたとおりでありうるだろう。

30

ところで、しかし、**私たちはすでにラテン語を話している**。カプリ島での討議のために私が提案すべきだと考えたテーマ、すなわち宗教〔religion〕はラテン語において名づけられているということ、けっしてそのことを忘れないようにしよう。しかるに、「religio の問い」は、もしこう言うことが可能なら、ごく単純にラテン語の問題と一体なのではないだろうか。つまり、ラテン性およびそれが世界化していくという奇妙な現象を、一つの「言語と文化の問題」であることを超えて理解するのがふさわしいと思える地点において、そしてそういう地点を通して見れば、「ラテン語の問題」と混ざり合っているのではないか。ここでは、普遍性について語ったり、普遍性の理念について語ったりするのではなく、もっぱら普遍化の作用、すなわち有限なものではあるが、しかし謎めいたものである普遍化の作用のプロセスについて語ることにしよう。こういう普遍化のプロセスを、その地政学的な、また倫理的・法的な射程において問う人はめったにいない。つまり、そうした普遍化の作用という力《ピュイッサンス》は、ある一つの「言語」の世界的な、しかも抗し難いヘゲモニーによって、それはまたある一つの文化（英米文化という、部分的にはラテン的ではない文化）のヘゲモニーでもあるけれども、そんな英米語・英米文化のヘゲモニーによって、逆説的な遺産相続というかたちで、受け継がれ、展開され、再び推進されているのであるが、まさしくそういう場において普遍化のプロセスを問おうとする人はほとんどいないのである。英米語・英米的な文化は、とくに宗教に関わるものすべてにとって、つまり「宗教」を語るもの、宗教的な言述もしくは宗教を論じる言述を行なうものにとって、やはりラテン語・ラテン性としてとどまっているのだ。**Religion**（宗教）は世界じゅうに流布している、一つの英語の単語、いわばローマに立ち寄って逗留し、さらにアメリカ合衆国にまで足を延ばして周遊した英単語として行き来している——そう言ってもよいだろう。

　ここ数世紀を通じて、ある種の自己（へと）所有化する作用〔approriation、自己へと結びつけ、固有化する作用〕が進行しており、それは極度に《ハイパー》帝国主義的な自己所有化の作用であって、厳密な意味での資本主義的な、あるいは政治的・軍事的な形象をはるかに超えたかたちで行なわれている。そういう自己所有化の作用は、国際法の概念装置や、グローバルなレヴェルにおける政治的レトリックの概念装置のなかで、とりわけ感じ取れる仕方で際立っている。そしてこの装置は、それが支配しているところにおいてはどこでも、宗教に関わる言述に結ばれ、つながれているのである。そのせいで、これまでこの語〔「宗教」〕がその歴史において名づけてきたもの、また自分の範囲として臨検して〔arraisonner〕きたものとはずっと無縁であったもの、そしていまでも無縁である多くのものが、今日では、まったく平然として「宗教」と呼ばれている。ときには、暴力的なやり方でそう呼ばれている。同じ指摘が他の多くの語、あらゆる「宗教的な語彙」にあてはまるだろう。たとえば「崇拝〔culte〕」、「信〔foi〕」、「信仰〔croyance〕」、「聖なる」、「神聖な」、「損害なく無事な〔sauf〕」、「無傷な〔indemne〕」（heilig, holy）などの語である。しかし、避けがたい伝染によって、いかなる意味論上の細胞も、こうしたプロセス、見たところ縁《ふち》のないプロセスのなかで、無縁なままにとどまることはできないだろう。私としては、「損害なく無事なまま」、「無傷なまま」にとどまることはできないだろう、とあえて言いたいところだが、もはやそうは言わないことにしておこう。世界ラテン化〔mondialatinisation〕、むろん、基本的に言って、キリスト教的な世界ラテン化。この語は、ある特異な、唯一の出来事を名づけようとしているのであるが、そういう出来事に向かって接近可能なんらかの高次言語活動《メタランガージュ》を実行することはできないように思える。実のところ、ここで高次言語活動を行なうことは第一に必要なことであるにもかかわらず、そう思える。というのも、こうした世界化＝グローバル化は、次のようなものであるから。つまり私たちは、もはやこんな世界化のリミットを知覚することがないのだが、それと同時に、この世界化が有限《フィニ》なものであり、もっぱら企図され、投射されているだけのものであることを知っている。問題となっているのはラテン化であり、そして一つの世界性〔mondialité〕が問われるというよりもむしろ、ある種の息を切らした世界化〔mondialisation〕が問われているのだ。こうした世界化の動きはいまもなお忌避することができず、きわめて帝国的なものであり続けているけれども、息を切らしたものである。こんな息切れをどう考えればよいのだろうか。ある未来《アヴニール》がそれを保護しているのだろうか、それともこうした息切れには一つの未来が取っておかれるのか――それは、私たちにはわからないし、またそれを知ることは定義上できない。しかしこの非－知を背景にして、そんな息切れは、今日、世界を覆うエーテル（霊気、精気）を煽りたてている。ある人たちは、そこで、他の者よりも楽に呼吸しているが、また別の人たちは息を詰まらせている。そこにおいて宗教戦争はまさに自らの本領におけるかのように展開しているのだが、しかしそういう展開は、いつ破裂するかもしれない一つの保護膜の下で行なわれているのである。二つの問題〔つまり宗教の問題と世界化してゆくラテン化という問題〕はその外延を共にしているのであり、そのせいでたんに言語や文化の問題、意味論的なものの問題へと還元されることのないものの次元が広がりを見せている。そうした次元はまた、人間学や歴史の問題へと還元されることもありえないだろう。**そして、もし religio が翻訳不可能なものとしてとどまるとすれば、どうか。**誓いを立てること＝誓約（sacramentum）がなければ、religio はない。真実＝真理《ヴェリテ》をほんとうに証し立てるという約束、つまり真実を言うという約束や盟約のないところに religio はない。すなわち、まず第一歩として、真実を言うと約束しつつ、真実を言うという約束を守る約束をしないような宗教はない、言いかえれば、約束の行為そのものにおいて、真実を言うという——すでに真実を言った、という！——約束を守る約束をしないような宗教はないのだ。それをすでに言った、つまりラテン語で、真実＝真理〔veritas〕をすでに言ったという約束、それゆえまた、真実＝真理はもう言われたものとみなす約束。そういう約束を守る約束のないところに宗教はないのである。来たるべき出来事は、もうすでに起こっていたのだ。約束は自らを約束するのであり、すでに自らを約束していたのである。まさにここにひとつの誓約された信〔foi jurée〕があり、それゆえ応答すること＝受け合うこと〔réponse〕がある。そこでこそ religio は始まるだろう。

31

そして、もし religio が翻訳不可能なものとしてとどまるとすれば、どうか。さらにはもしこういう問いが、ましてやこの問いの呼び求める応答が、もうすでに私たちを一つの特有言語＝固有語法《イディオム》のなかへ、すなわちそれを翻訳しようとしても、そういう翻訳はつねに不確かで問題点の多いものであるようなイディオムのなかへ入り込ませているのだとすれば、どうだろうか。応答する《レポンドル》＝受け合うとはなにか。それは誓うこと──信、信頼、忠実さ〔を誓約すること〕〔jurer──la foi〕である。つまりそれは respondere、antworten、answer、swear (swaran) である。バンヴェニストは書いている。「ゴート語の swaran《誓う、荘厳な言葉を発する》［この語は、schwören、beschwören（すなわち「誓う、誓いによって保証する」、「祓う、懇願する」などを意味するドイツ語）を派生させた」に対して、古英語の and-swaru《返答、応答》（英語の answer）が照応している。これはほとんど字義通りに respondere である」[☆15]。

「ほとんど字義通りに……」と、彼は言っている。知を頼みとすること。それは、いつもながら、誘惑そのものである。知は誘惑である──ただしその意味は、少々独特なものであって、ひとが通常（少なくとも、慣習としては）、〈悪魔〉を引き合いに出したり、なにやら〔アダムとエヴァの〕原罪に結びつけたりしつつ理解しているような意味あいとは異なっている。知ることという誘惑、知の誘惑。それはたんに自分が知っているものを知っていると信じることだけではない（そういうことも問題ではあるが、あまりに重大であるというほどではないだろう）。そうではなく、知とはなにかを知っていると信じることであり、さらには知が、その構造からして、信じることや信＝信仰《フオワ》から解放されている──もっぱら信託＝信用に基づくものや信頼＝信用によるものから自らを解き放っている──ということを知っている、と信じることである。知を信じることへの誘惑、たとえばここではバンヴェニストという貴重な権威を信じると

☆15 E.Benvesiste, *Le Vocabulaire des institutions indo-européennes*, *op. cit.*, p. 215, article« La libation, 1: sponsio ».（エミール・バンヴェニスト『インド＝ヨーロッパ諸制度語彙集』、前掲書、第二巻、二〇七頁）。

いう誘惑は、しかしながら、なんらかのおそれとおののきなしにはすまされないだろう。なにを前にしたおそれとおののきだろうか。正統で尊敬すべき学問、おそらくはそれとして承認されている学問＝科学を前にして、でもあるけれども、それだけではなく、また同時にバンヴェニストがなんらおののくこともなくこうした権威を根拠にして、いかにも確実に保証されている区別であるかのように一刀両断にする刃を振るうときの、その確固として揺るぎない身振りを前にして、である。たとえばそれは、本来的な＝固有な意味（本義）とその他の意味とのあいだ、字義通りの意味とその他の意味とのあいだの区別である。このように本来の意味とその他者という区別をすることは、次のようにみなすことである。つまり、あたかもここで問われているものそのものが（たとえば、応答、責任、あるいは宗教が）、そのように区別を保証された二つの項《ターム》のあいだにおけるためらいや非決定、もろもろの余白から生まれた、それもほとんど自動的、無意識的に、機械的に生まれたというのではないかのようにみなす、ということである。〔ためらうまでの〕綿密さ＝細心さ〔scrupule〕、ためらうこと＝躊躇すること〔hésitation〕、非決定、控えること＝慎み〔retenue〕——したがって、聖なるまま、神聖なまま、害されず無事なままとどまるべきもの、すなわち無傷なまま、免疫性のあるままにとどまるべきものを前にしたときの恥じらい＝控え目＝慎み〔pudeur〕、尊重＝尊敬、立ち止まって停止すること＝差し控えること〔halte〕。それらもまた**religio**が意味していることである。こうした意味あいは、バンヴエニスト自身、この語〔religio〕の用法、「古典的な時代における」この語の「本来的な、かつ恒常的で揺るがない用法」に照らして記憶にとどめるべきであると考えた意味でもある。[☆16] 以上のとおりの留保を付けたうえで、それでもバンヴェニストの本の件のページを引用してみよう。ただし、そのとき、「本来的な＝固有な」、「字義通りの」という語、また俄かには信じられず、どうかな、と思わせる「ほとんど字義通りに……」という言い方、さらには「(原初的な意味のうちには) 消滅した」部分もあるが、「本質的なもの」は「残っている」と述べている箇所に傍点をふって強調しておく。私たちの見方では、このように強調した箇所が示しているのは、いわば底なしの深淵をなしているところであるが、そういう深淵のうえを、ひとりの偉大な学者は、あたかも自分が何について語っているのかよく知っているかのように平然とした足取りで跨いでいく。が、そうすることで彼は同時に、結局のところ自分がそれについてたいして知ってはいないということを告白していることにもなる。そしてこうしたことが起こるのは、よくわかるように、ラテン語における、謎めいた派生現象のなかで、なのであり、また「ギリシア語とラテン語の先史時代」において、である。そのことは、ひとがもはや一つの宗教的語彙として分離し、取り出すことのできないもののなかへ、すなわち法的なものと宗教との関係のなかへと移行することになる。言いかえれば、約束の経験、あるいは〔損傷を〕補償する捧げ物＝奉納の経験、「私はあなたに約束する、それは到来した、と。」という言表がそうで

☆16 *Ibid.*, pp. 269-270.(同書、第二巻、二六〇―二六二頁)。例をあげよう。「ここから religio est〔ためらいを抱く〕が生じてくる。(略)こういう用法は古典時代には恒常的に見られる。(略)結局のところ、religio とは、引き止める躊躇、思いとどまらせるためらいであり、なにかの行動を導く感情ではなく、崇拝を実践するよう促す感情でもない。この意味は、古典的な用法によってなんら曖昧さもなく示されており、religio に対してただ一つの解釈のみを強いるように思われる。つまり、religio を legere に結びつけるキケロの解釈である。」

あるように、現在へとある一つの未来〔futur〕を巻き込む言葉、ただしもう過ぎた出来事について、一つの未来を巻き込み、約束する言葉の経験へと受け継がれる。なにが到来＝到着したのか。この場合、いったいだれが？　一人の息子、きみの息子である。なんと好都合な例だろうか。宗教全体を示すほどの例だ。★18

ここで、*spondeo* とともに、*re-spondeo* も考察しなければならない。後者 *re-spondeo* の本来の意味およびその *spondeo* との関係は、プラウトゥス★19の作品〔『捕虜』899〕における対話を読むと、字義通りに判然と理解される。寄食者であるエルガシウスがヘジオンに良い知らせをもってくる。すなわち長らく行方不明だったヘジオンの息子がまもなく帰ってくることになったというのである。ヘジオンは、もしエルガシウスが真実を言うのならば、彼を毎日養ってやると約束する。それに対し、今度はエルガシウスが〔そうすると〕誓約する〔s'engager〕。

898　……sponden tu istud ? — Spondeo.
899　At ego tuum tibi aduenisse filium respondeo.

★18　保証や保障、約束することspondeoの例として、行方不明だった息子の帰還を約束する場面をバンヴェニストは挙げているが、この場面は、十字架上で息絶えた神の子イエスの復活、すなわち受難や再臨のことを想起させる。

★19　プラウトゥス、Titus Maccius Plautus（BC二五一―一八四年）。ローマの劇作家。彼の作と認められるものは現在二十一篇あるが、多くはギリシアの後期喜劇から人物や場面を借り、それをローマふうに書き改めたものである。ときに諧謔が過ぎて筋の運びに難を生じ、作品全体の統一を欠くことすらあるが、性格描写が優れている。

「それは約束かい？　——約束だ。
——だったら私のほうでも、きみの息子が到着した、と約束しよう。」

（エルヌー訳）

この対話は、法的な慣用句に基づいて構成されている。一方は *sponsio*、そしてもう一方は *re-sponsio* という形態をとるこれらの表現は、互酬的な保証を与える慣用表現になる。「その代わり、私はきみの息子が必ず到着した、と受け合う。」

このように受け合うこと＝保証を互いにやり取りすることから（フランス語における *répondre de*……〔……を受け合う、保証する〕という言い方を、参照せよ）、ラテン語においてすでに確立されていた意味（フランス語の répondre の意味）が生まれてくる。*Respondeo*、*responsum* という語は、神の言葉を代弁する者や祭司について言われる。とりわけ腸卜《ちょうぼく》官《かん》[★20]としての神官について用いられる。彼らは捧げ物＝奉納の代わりに約束を与え、贈り物の代わりに保証を与える。これが託宣による、あるいは祭司による「返答＝応答」である。このことは、*respodere de iure*（法的な助言を与える、法的な鑑定を下す）という言葉の法的な意味を説明してくれる。つまり、法律家はその法律上の専門能力によって、みずからが与える見解の価値を保証するのである。

★20　腸卜占は、古代ローマにおける卜占者の一種。腸卜官の最も一般的な役割は、供犠獣の内臓器官、とくに肝臓の形状や色具合、傷の特徴などを調べ、解読のための暗号表にしたがい読み解き、未来を予言することにある。（エミール・バンヴェニスト『インド＝ヨーロッパ諸制度語彙集』、第二巻、訳註32、二八五頁、参照）。

ゲルマン語派におけるシンメトリックな表現を取り上げてみよう。ゴート語の *swaran*《誓う、荘厳な言葉を発する》に対して、古英語の *and-swaru*《返答、応答》(英語の *answer*) が照応している。これはほとんど字義通りに *respondere* である。

以上のことから、ギリシア語とラテン語の先史時代において、宗教的語彙のうちのきわめて重要な一用語がどのような意味をもっていたのかを明確化することができる。また捧げ物=奉納一般を指し示す他の動詞たちに対して、*spend-* という語根にはどんな価値が割り与えられていたのかをはっきりとさせることができるようになる。

ラテン語においては、原初的な意味のうちの重要な部分は消滅しているが、しかし本質的なものは残っている。そしてそれこそが、一方で *sponsio* の法的な観念を規定しており、他方で *spondé* に含まれるギリシア的概念との関連を規定しているのだ。[☆17]

32

しかし宗教は必ずしも信《フォワ》の運動のあとをたどるとは限らない。それは、信が〈神〉への信=信仰へと足早に突き進んでいくのではないのと同様である。なぜなら仮に「宗教」の概念は、ある一つの制度、切り離すことができ、その同一性を定め、境界を画定することのできる制度、その文面においてはローマ的な法=正義〔*jus*〕に結ばれている制度を内包しているとして

☆17 *Ibid.*, pp. 214-215.(同書、第二巻、二〇七―二〇八頁)。バンヴェニストが強調しているのは、外国語および《répondre de》という表現だけである。

も、この概念が信と結んでいる、また〈神〉と結んでいる、本質的な関係は、けっして自明なものではない。ところで、私たちが、すなわちヨーロッパ人である私たちが、今日、これほど口をそろえて、また不明瞭に漠然とした言い方で、「宗教的なものの回帰」について語るとき、私たちはいったいなにを名指しているのだろうか。なにに参照しているのだろうか。「宗教的なもの」、宗教性〔religiosité〕。ひとはそれらを、漠然とした仕方で、神的なものにまつわる聖性《サクラリテ》の経験、神聖なもの、損害なく無事なもの（sauf）、あるいは無傷なもの（indemne）（つまりheilig, holyであるもの）の経験に結びつけているが、それははたして宗教〔religion〕なのだろうか。「誓約された信」〔foi jurée〕、信じること＝信仰〔croyance〕は、いったいどこにおいて、そしてどの程度まで、そういう聖性の経験に参入して関わり合っているのだろうか。逆から言うと、すべて誓約された信であるもの、ある種の信頼性、もっぱら信用や信頼に基づくもの一般は、必ずしも「宗教」のうちに書き込まれているとは限らないのではないか。むろん宗教は、自らのうちで二つの経験を、つまり一般的に言ってひとがどちらも宗教的であるとみなす二つの経験を交叉させているのであるが、それにしてもいま述べたように言えるのに変わりはないだろう。

二つの経験とは、次のものである。つまり、

（1）一方で、信仰《クロワイヤンス》の経験――すなわち信じること〔croire〕あるいは信用《クレディ》、信の行為〔信仰の業〕におけるもっぱら信託的・信用的なもの〔fiduciaire〕あるいは信頼に基づくもの〔fiable〕、〔約束を厳

守する〕忠実さ《フィデリテ》、盲目的な信頼を求める呼びかけ、証拠＝証明をつねに超えている、さらには論証的な理性も、直観もつねに超えている証言的なもの——に関わる経験。

（2）そして他方で、〔損傷を受けない〕無傷なもの《アンデムヌ》の経験、聖性の、もしくは神聖さの経験。

おそらくひとは、ここで、こうした宗教的なものの二つの水脈のあいだで（あるいは、二つの根元《スーシュ》、二つの源泉のあいだで、と言うこともできるだろうが）、区別をつけるべきであろう。むろんひとはそれら二つを結び合わせたり、場合によってはそれらの相互的内包関係のいくつかを分析したりすることができる。が、しかしそれらを混同したり、一方を他方に還元したりしてしまうことはけっしてするべきではないだろう。ほとんどつねにひとはそうしてしまうのであるが。原理的に言って、ひとは〔損傷を受けない〕無傷なものを聖別したり、神聖化したりすること、あるいはいろいろなやり方で聖なる‐神聖なもの〔sacro-saint〕の現前に立ち会うこと、それも信じることという行為をそこに現働化させることなしにそうすることができる。もし信じること、信、忠実さ（fidélité）などが、ここでは、他者の証言への同意を——すなわちその絶対的源泉において、到達不可能な、まったくの他者の証言への同意を——意味するとすれば、そうである。つまり《**tout autre est tout autre**（すべての他者はまったく他なるものである）》ようなところで、そういう《**tout autre**》のなす証し立てに同意することを意味するならば、そうなのだ。★21 逆から言うと、こうした信頼に基づく同意は、見ること、触れること、証明すること

★21 Jacques Derrida, *Donner la mort*, Galilée, 1999.『死を与える』、広瀬浩司・林好雄訳、ちくま学芸文庫、において、この言い回し« **tout autre est tout autre** »はきわめて重要な思考を告げる表現であると同時に、その意味する仕方が決定不可能な語り方として挙げられている。二番目の**autre**を名詞とみなし、同義反復（トートロジー）的に読むとすれば、「すべての他者はすべて他者である」、「あらゆる他なるものはすべて他なるものである」という仕方で取ることもできる。また、二番目の**autre**は名詞ではなく、形容詞であると考えれば、「すべての他者＝他なるものはまったく他なるものである」という意味あいに取ることもできる。この読み方のほうがフランス語の流れとしてはより自然かもしれない。こういう言い回しを通じてデリダが強調して

が可能な仕方で与えられるものの現前性《プレザンス》を超えて、その彼方へと向かうことであるならば、必ずしも、そしてそれ自身によって、なにかを神聖化させるとは限らない。（次の点を考慮に入れるべきであり、また、問わねばならないだろう。つまり一方で、レヴィナスによって提起された区別、〔ギリシア的な〕聖なるものと〔ユダヤ的な〕聖潔なもの〔saint〕との区別である。私たちはこれを他の箇所で検討する。そして他方で、宗教の異質な二源泉から湧き出す水流が混ざり合う必然性を問わねばならない。ただし、混ざり合っても、けっしてたんに同じものへと帰着することはないと思われるのであるが。）

33

こうして、私たちは「ヨーロッパ人」として、カプリ島に集まっており、そしていわばそれぞれの言語（イタリア語、スペイン語、ドイツ語、フランス語）を割り与えられているとも言えるのだが、それらの言語すべてにおいて、宗教〔religion〕という同じ語は同じ事象を意味しているはずだった——私たちはそう信じたいと思っていた——のであった。つまりこの語の信頼性に関して、私たちは要するにバンヴェニストの推測と同じような推測を共有していることになるだろう。実際、バンヴェニストは、さきほど言及されたsponsio（誓う、約束する）という項目のなかで、彼が「宗教的語彙」と呼ぶものを、それとして識別し、分離抽出することができると

いるのは、けっしてある特定の他者の絶対化などではなく、すべての単独の他者が、すべての他者にとって、まったく他なるものである、他としての他である、という意味あいである。

信じているように思える。しかるに、この点についてはいっさいが問題含みのままである。もろもろの言述をどうやってうまく関連させ、協同して働くようにさせればよいのか。もろもろの言述、というよりもむしろ、かつてひとが正しく明示したように、「言述的な実践」——「宗教とはなにか」という問いに釣り合おうと試みる言述による諸実践——をどのようにして有機的に関連させ、協働させればよいのだろうか。

「……とはなにか」という問いはすわち、一方で、宗教とはその本質（エサンス）においてなにか、ということである。そして他方で、宗教とは、現在〔à présent〕、なにであるのか（qu'est-elle? というように、être の直説法現在形において問われる）、ということである。現在的に、今日、そして世界《モンド》のなかで今日、宗教はなにをしているのか、人々は宗教をどうしようとしているのか、ということである。これらの問いはいずれもが、そうした語——存在〔être〕、本質〔essence〕、現在〔présent〕、世界〔monde〕という語——のおのおのに向かって、問いそのもののうちに〔もうすでに〕一つの答えを忍び込ませるやり方となっている。どれもが、答えを押しつけるやり方になっている。答えを、宗教として、あらかじめ押しつけるやり方、もしくは宗教として命ずるやり方になっているのだ。なぜならおそらく次のような一種の予備的な定義がある——たとえひとが宗教というものについて知っていることがほとんどないとしても、ひとは少なくとも宗教がつねに応答であり、命ぜられたものとしての責任＝応答であることを知っている。また、宗教は自由に選ばれるのではないこと、自律的な意志の行為、純粋に抽象的な自律的意志の行為において、自由に選ばれるのではないということを知っている。宗教はおそらく自由、意志、責任＝応答を当然なものとして含意しているだろう、が、しかし自律性のない意志と自由ということを含んでいるだろう。そのことをあえて考えるよう試みたい。聖性《サクラリテ》が問題となるときであれ、サクリファイス性が問われるときであれ、あるいは信《フォワ》が問われるときであれ、他者＝他なるものが力をもち、支配的なのであり、他者が法であり、そして他者に服することが求められる。すべての他者＝他なるものに、かつまったくの他なるもの＝他者に。

さきほど述べた「言述的な実践」は、いくつかのタイプのプログラムに呼応することになるだろう。

（1）語源によって、言葉の由来を確認すること。その最良の例証は、religioという語の語源的な二つの源泉の可能性に関わる論争によって与えられるだろう。（a）relegereという語源。これはlegere（cueillir〔とり集める、摘む、収穫する、自分に集中する、熟慮する〕、rassembler〔集める、再度集合させる、結集する〕）に由来する。キケロ以来の伝統であり、W・オットー、J－B・ホフマン、バンヴェニストにまで至る。（b）religareという語源。これはligare（lier〔結ぶ、結びつける〕、relier〔強く結ぶ、再び結ぶ〕）に由来する。この伝統は、ラクタンティウスとテルトゥリアヌスからコベール、エルヌー＝メイエ、ポーリィ＝ウィソワまで及ぶ。★22 語源学はけっして支配的な力をもつわけでは

★22 religioの意味の究明に関する主要な研究については、エミール・バンヴェニスト『インド＝ヨーロッパ諸制度語彙集』、第二巻、二五九頁を参照のこと。

ないし、いわば語源学自身が自らを思考されるにまかせるという条件においてのみ、思考に刺激を与えるものである。その点を踏まえて、私たちはもう少し先で、いま見たように区別された意味の二つの源泉に共通しているもの、つまりともに含まれており、ともに積載されているものを定義してみるよう試みたい。単純な同義性というのではなく、それを超えたところで、二つの意味論的な源泉はおそらく交差するだろう。それらは自らを反復することさえするだろう、つまり実のところ反復のオリジンであるようななにか、すなわち同じものの分割であるようななにかからあまり離れてはいないところで自らを反復することさえするだろう。

(2)歴史的・意味論的な**系統**あるいは**系譜**の探究はある大きな領野を規定するだろう。つまり語の意味が、歴史的な変異や制度的な諸構造という試練にさらされる大きな領野である。それは諸宗教の歴史と人間学という領野であり、たとえばニーチェ的なスタイルにおける探究でもあり、バンヴェニスト的な探究でもある。このときバンヴェニストは、「インド・ヨーロッパの諸制度」を、意味の歴史の、あるいはまた語源学の「証人」であるかのようにみなしている——ただし、語源学は、それだけでは、一つの語の実際的な使用・用法に関してはなにも証明するわけではないのであるが。

(3)ある種の分析、すなわち**語用論的**かつ機能論的な効果を十分に気づかう分析は、そのときもっと構造的で、もっと政治的な分析になるけれども、そういう分析は語彙《レクシック》の慣用あるいは実際的活用を進んで分析することになるだろう。つまり新しい規則性、これまでなかったような回帰性、先例のない文脈などに向かいあったときに、具体的言述《ディスクール》が語やその意味作用を、その昔からの記憶とか想定されているオリジンから解き放つところで、躊躇することなくレクシックの慣用や実際的活用を分析するだろう。

これら三つの立場は、さまざまな観点から見て、正当であるように思える。三つの立場はそれぞれに忌避できない命令に応えていると考えられるけれども、しかし私がとりあえず立てる仮説では、いまこのカプリ島での討論会においては、三番目のタイプの分析が優先されるべきだろうと思う（ただし、こんなにわずかな紙幅と時間のうちでこの仮説を十分に正当化することはとてもできない相談であるので、私としてはあくまでも慎重に、控え目にこの仮説を提起したいと考える）。三番目のタイプの分析は他の分析を除外することはありえないだろう。そんなことをしたら、ひどく不条理なことに導かれるだろう。しかしこのタイプの分析は、今日、世界のうちで、religion という語の用法・使用に特異性を与えているもの、そしてまたこの語、religion にひとが関係づけるものの経験に独特な特異性を与えているもののしるし《シーニュ》にとくに注目するべきだろう。つまり、少くとも一見すると、これまでいかなる記憶もいかなる歴史も、それが宗教〔religion〕だと告げるのに十分であるとは思われなかったようなところ、宗教に似ているものとは考えられなかったようなところで、そういう特異性を与えているもののしるし《シーニュ》に特別に注意を払うべきであろう。それゆえ私は、一つの操作、いわば一つの言述的な機械《マシーン》を発明しなければならなかったと言えよう。つまりそのエコノミー〔組成、経済構造〕が、外的状況によって私に指定された時間‐空間のなかで、さきほど挙げた三つの要請に応えるもの、現在において、そのどれも忌避できない重要な命令であると思える三つの要請に応えるものであり、それのみならずそれらのなかで緊急性やヒエラルキーもまた命じるものでもあるような一つの言述的な機械《マシーン》を、創り出さねばならなかったということである。きわめてタイトな限界のなかで、それでもある一定のスピードで、そしてまたある一定のリズムで。

34

語源の探究、系統の探究、系譜学、語用論。私たちは、ここで、欠くことのできない区別、しかしめったに尊重されることはなく、実践されることは稀であるような区別にあらゆる必要な分析を捧げることはできない。そういう区別は多数にのぼる（宗教／信、信仰。宗教／敬虔さ。宗教／崇拝。宗教／神学〔théologie〕。宗教／神論〔théiologie〕。宗教／存在神学〔ontothéologie〕。さらには、宗教的／神的――死すべきものあるいは不死なるもの。宗教的／聖なる‐健やかで無事な‐神聖な‐無傷な‐免疫のある――heilig, holy)。しかし私たちは、これらの区別のあいだで、これらの区別の以前であれ以後であれ、私たちにとっては準‐超越論的な特権であると思える区別を深く試練にかけてみるだろう。すなわち、一方で、信仰の経験（信頼すべきもの、信頼性、信用、信、つまり証言の経験においてまったくの他者の誠意に寄せられる信用〔le crédit accordé à la bonne foi du tout autre〕）があり、そして他方で、聖性の、神聖さの経験、健やかで無事な、なにも害されていないもの、heilig, holy なものの経験がある。だが、その区別には、私たちの見方では、準−超越論的な特権を認めなければならないのであり、このことを掘りさげてみたいと思う。それらは区別された二つの源泉、あるいは二つの発生源《フォワイエ》＝焦点である。宗教《ルリジオン》は、それら二つの源泉の楕円〔ellipse〕を形象化し、また省略法〔修辞学的な意味での省略法 ellipse〕を形象化している。というのも宗教は二つの発生源＝焦点をうちに含んでいるからであり、そして同時にときどき、まさしく密かなやり方、黙説法的なかたちで、それら発生源の還元不可能な二重性を、黙することによって告げるからである。

　いずれにせよ、宗教《ルリジオン》という語の歴史は、原則として、「私たち」が、宗教という語で指示し、切り離して確定するであろうものを、どのような非−キリスト教徒であれ、そのうちに自分の姿を再認するために、「宗教」と名づけることを禁じているに違いない。なにゆえ、ここで、「非−キリスト教徒」ということをあえて明確に言うのか。言いかえれば、なにゆえ宗教の概念はもっぱらキリスト教的なのだろうか。いずれにしても、なぜこういう問いは提起されるに値するのか、この仮説は真剣に取られるに値するのだろうか。バンヴェニストもまた、次のことを私たちに思い出させている。すなわち私たちが「宗教」と呼んでいるものにとって「共通する」インドｰヨーロッパ語族の用語は存在しない、ということである。インドｰヨーロッパ語族は、バンヴェニストの言い方によれば、「宗教がそうである、あの遍在的な現実」であるものを、「一つの切り離された制度として」考えてはいなかったのである。★23 今日においてもなお、このような「一つの切り離された制度」がそれとして認められていないようなところでは、どこであれ、「宗教」という語は非適合である。それゆえなにかしら一なるもの、つまりまったく一つであり、同定することができ、自己同一性の定まっているなにものか、宗教人であれ、非宗教人であれ、みんなが一致して「宗教」と名づけるはずのものが必ずしもあったわけではない。必ずしもいたるところにあるわけではなく、また必ずしもいたるところに(「人間たちのもとにおいて」も、あるいは他所においても)あるはずだ、というわけでもないのである。だが、それにしても、人々がそう自らに言うとおり、**たしかに正しく応答しなければならない**。ラテン語の系統の内側においても、**religio** のオリジンは実のところ終わることのない異議提起のテーマであった。つまり二つの読解あるいは二つの読み方、それゆえ二つの由来のあいだで、異議提起が交わされてきた。一方では、キケロのテクストを支えとして、**relegere** という語源が挙げられてきたのであり、この由来は意味論的かつ形態的な系統として疑いないものと認められているように思える。「もう一度考え直し、戻り、そして再開始する

★23「インド＝ヨーロッパ人は、宗教というどこにでもある現実を独立した制度と考えなかったため、それを意味する用語をもっていなかった」(エミール・バンヴェニスト『インド＝ヨーロッパ諸制度語彙集』第二巻、二五六頁)。

ために再び集中する、熟慮する」というニュアンスであり、そこからreligioが生じる。すなわちためらいがちな配慮、細心・綿密な注意、尊敬・尊重、忍耐、さらには慎み深い恥じらい、敬虔さという意味あいが生まれる。他方では（ラクタンティウスとテルトゥリアヌスを支えに）、religareという語源が挙げられてきたが、これはバンヴェニストによれば、「キリスト教徒によって発明された」語源である。☆18 つまり宗教をまさに絆＝紐帯に結びつけるのであり、責務、靭帯に、それゆえ人々のあいだの、また人間と神とのあいだの義務に、恩＝負債、等々に結びつける。問われているのはやはり分割である、つまり源泉の、そして意味の分割であり、そういう分割が、ある別の場で、あるまったく別のテーマに関して問われているのである（そしてこういう二重性と私たちが縁を切った、などということは、ありえない）。このreligioという語の二つの源泉、語源学的な、が、また同時に「宗教的な」源泉に関わる議論はおそらく情熱をそそるものだろう（争われている二つの源泉のうちの一方はキリスト教的であるのだから、この議論は受難《パッション》＝情熱に執着しているとも言える）。しかしこの議論の興味や必要性がどれほどのものであろうと、このような論争のもつ射程は、私たちにとっては限られたものである。第一に、たったいま示唆したように、源泉においてそうと決められているものなどなにもないからである。☆19 次に、競い合っている二つの語源は、同じものへと、そして反復の可能性へと連れ戻されるだろうと思えるから。反復の可能性というのは、同じもの〔le même〕を確認す

☆18 *Ibid.*, p. 265*sq.*（同書、第二巻、二五七頁）。インド＝ヨーロッパ語の語彙は、「宗教」に対するいかなる「共通の用語《ターム》」も有していないのであり、「こういう概念自体の特性」のせいで、「なにか単一で、一定した呼称に適していない」のだと思われる。このことに相関して、私たちは、あとになってから遡行的にこの名によって同定したいと思えるものに、すなわち私たちが「宗教」と呼ぶものに似ている制度的な現実に、まさにそれとして出会うことは、なかなか難しいだろう。いずれにせよ、私たちが、切り離して捉えることのできる、一種の社会的な存在体《アンティテ》という形で、そうしたなにかを見出すことは、かなり困難だろう。そのうえ、バンヴェニストが、彼の見方では「〈宗教〉の等価語とみなすことのできる」ギリシア語とラテン語の二つの用語の

ると同時に産み出すような反復の可能性であって、あるやり方で、競い合っている二つの語源はそこへと連れ戻されるままになるだろう。二つの場合（re-legere もしくは re-ligare）のどちらにおいても、問題となるのは執拗な結びつきであり、まずなによりも自分自身に執拗に結びつく結合である。集合（集中、結集）、再‐結集（再‐集合）、再‐集中（再び集まること、熟慮すること、沈思黙考すること）である。分離に対抗して、またさらには絶対的な〔分離した〕他者性に対して、抵抗することであり、反作用的に反応することである。「再び集めること＝沈思黙考すること〔recollecter〕」という語は、バンヴェニストが提案している訳語であり、[☆20]彼はこの語の意味を次のように明示している。「新しい選択のためにもう一度取り上げること、かつての歩みへともう一度戻って、やり直すこと」。そこから「ためらい、細心・綿密な配慮〔scrupule〕」の意味が生じてくる。さらにまた選択、読み、選び〔選び取って〕理解することなどの意味が生まれる。選択性があるということは、集まり＝集団という絆なしには、また、再び集めること＝沈思黙考することなしにはけっして進まないからである。結局のところ、この自己への絆、つまり謎めいた「再び〔re-〕」という接頭辞によってマークされているこうした自己への絆〔lien à soi〕のうちに、次のような意味作用の移行・通過を、すなわち、いま見たようなさまざまな意味作用（re-legere, re-ligare, re-spondeo などの意味作用）のあいだの移行や通過をしっかりと捉え直すよう試みなければならないだろう（バンヴェニスト自身は、この re-spondeo と

みを研究するよう提案するとき、私たちの側としては、二つの意味深い特徴を、つまり二つの逆説、さらには二つの論理的躓きを強調しておかなければならない。

（1）それゆえ、バンヴェニストは「宗教」という語の確実に保証された意味をあらかじめ想定している。というのも彼は、その語に「等価なもの」をまさにそれとして同定することを自らに認めているからである。しかるに私には、彼はいかなるときも、この予備的了解やあらかじめ想定しているものを主題化したり問題として設定したりしていないように思える。彼の見方によれば、「キリスト教的な」意味が、ここで、考察を導く基準を提供するのであるが、そういう仮説を正当化することを許すものはなにもない。なぜなら、彼自身そう述べているように、「〔religion の語源

いう語と、**spondeo** との「関係」と彼が呼んでいるものを、分析している）。こうした「再び〔re-〕」という接頭辞の共通の意味を翻訳するために私たちが利用することができるだろうと思えるすべてのカテゴリーは非適合であろう。なぜなら、第一に、それらのカテゴリーは定義のなかに、まだ定義するべく残されているものを、もうすでに定義されたものとして再び〔re-〕導入していることになるからである。たとえば、バンヴェニストがそうしているように、「反復、再び取り上げること、再開始、反省・熟慮《レフレクシオン》、再選択〔réélection〕、再び集めること・沈思黙考すること〔recollection〕」といった語の「本来＝固有の意味」、つまり要するに、宗教、ためらい・細心かつ綿密な配慮、応答、責任、ということの元になる語の「本来の意味」とはどういうものかということを、もうすでに知っているかのようなふりをすることになるからである。

この論争のなかでひとがどんな立場を取ろうとも、ラテン語の二重となっている発生源＝焦点を含んでいる楕円《エリプス》（省略法）にこそ参照は求められるべきであり、「宗教的なものの回帰」という現代の問題系（地政学－神学政治学的な問題系）全体は、こういう楕円（省略法）へと送り返される。こんな二重となっている発生源＝焦点の正当性を認めない者、前に述べたようなラテン性の内部において世界的なレベルで幅をきかせているキリスト教の優位を認めない者、そういう者はだれであれ、こうした論争の前提そのものを拒んでいるに違いない。☆21 そして同時に、次のような状況を考えてみなければならない。つまり、かつてそうであったように、

を〕**religare**〔再び結ぶこと〕（絆、義務）によって解釈することは、（略）キリスト教徒によって発明されたものであって、歴史的に誤っている」からである。

（2）他方で、バンヴェニストが、ギリシア語の thrēskeía（「崇拝、敬虔、儀礼の遵守」、そしてずっとあとになって「宗教」の意味をもつ）を検討したあとで、ラテン語の religio ――二つの用語のうちの一つ――を取り上げてとどめておくとき、それはひとえに「宗教」という語に「等価なもの」という資格においてのみである（等価であるというのは、同一的であるという意味ではない）。私たちは逆説的な状況の前にいるのであって、そういう状況は、バンヴェニストが、熟慮したうえにせよ、そうではないにせよ、一ページの間隔をおいて、「等価なもの」という語を使用

「宗教にあたるインド―ヨーロッパ語に共通するターム」がない状況、まだ存在していなかった状況と同じようにもう存在しなくなるような状況を考えるよう試みなければならないであろう。☆22

35

ところで、**しっかりと正しく応答しなければならない**。それも、待つことなしに。余りに長くは、待つことなしに。この討論会の**冒頭にあったのは**、「リュテシア」という名のホテルでの、マウリッチオ・フェラリスの言葉だった。「カプリ島での討議のために、どうしても一つのテーマが必要です」と彼は言った。私は、ほとんど息つくひまもなしに、躊躇することもなく、機械的に「宗教」という言葉を小声で発していたのである。なぜだろうか。どこからそういう考えが、まさに機械的＝自動的に私へとやってきたのか。ひとたびこのテーマが了承されると、議論は即興的に続けられた――ヴェスヴィオ山とカプリ島とのあいだに、沖合いに見えているファラリオーネの岩に向かって、夜間に二度ほど散歩をしたのだが、そのあいだじゅう、即興的に続いたのである。（イェンゼンは、『グラディーヴァ』のなかで、ファラリオーネに言及している。そしておそらくグラディーヴァが戻ってきたのだ。光の霊であり、正午の影なき影である者、真昼の亡霊である者、島のあらゆる偉大な亡霊よりももっと美しく、自分でそう

したときの用法、つまり困惑させる、二重の用法によって、はっきりと叙述されている。したがって私たちは、その点を次に強調しておく。

（a）「ここではひとえに、〈宗教［religion］〉に等価なものであるとみなしうる二つの用語（thrēskeia と religio）だけを取り上げよう。一つはギリシア語、もう一つはラテン語の用語である」（二五七頁）。したがってまさにここに二つの語がある――つまり、要するに、両者のうちの一方の等価語とみなしうる二つの語があることになる。だが、そういう一方の語は、それ自身、次のページでは、この世界に、少なくとも「西欧諸語」には、いかなる等価なものももたない、と言われており、そうした理由で、それは「あらゆる点でよりいっそうはるかに重要な」語であろう、と言われているのだ！

言うように、どんな亡霊たちよりも「死んでいることに慣れている」者、それもずっと以前からそうであるグラディーヴァが。）それゆえ私は問いに対する一つの応答を事後的に正当化しなければならないだろう。なにゆえ私は、ほとんど一挙に、機械的＝自動的に「宗教」という言葉を告げたのだろうか。したがってこの正当化は、今日、宗教という問いに対する私の応えとなるはずだろう。むろん今日の宗教という問いへの応えである。なぜなら、言うまでもないことだが、私はけっして宗教それ自身を論じること、一般的に、あるいはその本質において論じることを提案したわけではなかっただろう、もしそんなことをしたとしたら、それは狂気そのものであっただろう。そうではなく、ただある不安に満ちた問い、みなに共有された気づかいのみを論じるよう提案したのである。つまり「今日、宗教とともに、人々が宗教と呼んでいるものとともに、いったいなにが起こっているのか、そこでなにが進行しているのか、そこではだれが歩みを進めており、それもこんなにも下手なやり方で進めているのか。この古い名を担いながら、だれが歩んでいるのか。この名称のもとに、いったいなにが突然、この世界へと出現してくるのか、あるいは回帰してくるのか」という問いと気づかいである。こういうかたちでの問いは、むろんのことであるが、根本的な問い（宗教それ自身の、また人々が宗教と呼んでいるものの本質、概念そして歴史の問い）と切り離すことができない。だが、私の意図としては、まず初めにその問いに近づく皮切りとして行なおうとすることは、もっとダイレクト

（b）「さて今度は、二番目の用語、あらゆる点でよりいっそうはるかに重要な用語に取りかかろう。ラテン語の religio である。これは、すべての西欧諸語において、唯一の、安定した語としてとどまり、いかなる等価な語も、代替する語も、それに取って代わるほど自らを押し付けることはけっしてなかった」（二五八頁、強調はデリダによる）。この語 religio は、要するに、それ自身によってしか、すなわち等価なもののない等価なものによってしか指し示されないものにとって一つの等価なもの（他の等価なものたちのうちの一つなのだが、しかし等価なもののない等価なもの）なのであるが、バンヴェニストは、こういう語に対して、ある「固有な意味」（キケロによって証明された）および「固有で、かつ安定した諸用法」を同定したい、と意図している

で、グローバルな接近、総体を一塊に捉え、直接的で、自発的であり、無防備なままの接近であるべきだった。それは、ちょうど短いコミュニケを新聞に発表せざるをえなくなった哲学者の文体とほとんど同じようなスタイルでなされるはずのものであった。私がフェラリスに向かってほとんど躊躇することもなく与えた応答は、きわめて遠くから私へと戻って来ざるをえなくなったと言ってもよい。いわば錬金術師の洞窟の奥から反響が木霊してくるものであり、その最も奥に沈殿しているのはあの語（〈宗教（religion）〉）であったのだ。いったいなにによって、まただれによって口述筆記させられた言葉であるのか、この〈宗教〉という語は。おそらく全員によってだろう、国際チャンネルでテレビのニュースを見ることによって。人々がそれを見ていると信じるままの世界の全体によって、世界の状態によって、在るものの全体（それが進行しているままの在るものの全体、〈神〉、要するにその同義語、あるいはそれとしての歴史、等々）によって。今日また新たに、そして今日こそついに、今日まったく別の仕方で、大いなる問いであるもの、それはやはり宗教であり、さらには何人かの人々が大慌てで宗教の「回帰」と呼んでいるものである。だが、物事をこのように言うと、そしてひとは自分がなにを語っているのか知っていると信じるせいで、ひとは初めからなにも理解しないままになってしまうだろう。それは、あたかも宗教が、また宗教の問いが、うまく回帰することができるものであるかのようである。ひとが知っていると信じるもの、人間、大地、世界、歴史のうえに、突

のだ。

　結局のところ、それは宗教《ルリジオン》の〔悪しき定義ではないにしても〕、悪しき度合の最も少ない定義なのではないか。いずれにせよ、こうした点におけるバンヴェニストの、論理上の、あるいは形式上の一貫性のなさがなにを示しているかと言えば、それはおそらく次のものを忠実に反映しており、その徴候になっているのだ。すなわち、「人類の歴史」において実際に起こったこと、そして私たちが、ここで、「宗教」の「世界ラテン化」と呼んでいることの、このうえなく忠実な反映であり、さらには最も劇的な徴候なのである。

☆19　本論考の第33節、その（1）および（2）、を参照されたい。〔本書、九〇－九一頁〕。

☆20　E. Benvesiste, *op. cit.*, p. 271.（バンヴェニスト、前掲書、二六三頁）。

如として襲ってくるものであるかのようである。そうすると、宗教の問いは人間学、歴史学の項目のうちに、もしくはすべての違うかたちの人文科学や哲学の項目、また「宗教哲学」の項目のうちにすえられてしまうことになる。回避すべき第一の誤謬である。これは典型的なものであり、その例をもっと多く挙げることもできるだろう。もしも宗教の問いがあるとすれば、その問いはもはや「宗教-の-問い」であってはならない。こういう問いに対する単なる答えであってはならない。なにゆえ、またなににおいて宗教の問いはまずなによりも問いの問いであるのか、問いのオリジンの問い、問いの縁《ふち》の問い――そして答えのオリジンの、縁の問いであるのか、ということをやがて私たちは見ることになろう。それゆえひとが「そのもの」をある学問分野のうちに、あるいはある知やある哲学のうちにうまく専有できると信じるやいなや、ひとはただちに「そのもの」を視界から見失ってしまうのである。ところが、こういう任務の不可能性にもかかわらず、一つの要求が私たちに課せられる。「いくつかの特徴を挙げること、限られた言葉のなかで言うことによって、それに関する論説を行ない、その限度のなかに論説を保ち、保たせるようにしなければならない」という要求。編集上の注文の節約性《エコノミー》である。しかし、どうしてつねに数の問題があるのか、なにゆえ十の戒律が授けられ、次にそれらが幾重にも数を増加されたのか。ここでは、いったいどこに正しい省略法《エリプス》があるのだろうか。私たちに命じられているような省略法、それを黙することによって告げるように命じられてい

☆21　おそらくこれこそ、ハイデガーが行なったことだろう。ハイデガーの眼から見れば、いわゆる「宗教的なものの回帰」は、「宗教」のローマ的規定が執拗に繰り返されることにほかならないのであるから。宗教は、国家の支配的な法および概念と一対をなしているのであり、これらの法および概念はそれ自身、「機械の時代」と切り離せないのだ（本論考の第18節、☆5を参照されたい）。〔本書、三八―四〇頁〕。

☆22　E. Benvesiste, *op. cit.*, p. 265.（バンヴェニスト、前掲書、二五七頁）。

る、正しい省略法は？　いったいどこに黙説法があるのだろうか。そしてもしも省略法ということ、また沈黙の比喩形象、黙説法という「言わないこと、黙すること」——それこそまさに宗教であったとしたら、どうだろうか。（あとで、私たちはこの点に触れることになろう。）いくつかのヨーロッパの出版社が連名で私たちに求めていたのは、宗教について数ページで意見を表明することである。そんなことを求めるのがどれほど度外れなことかということさえ、今日ではよく見えなくなっているらしい。だが、宗教についての真剣な論考を試みるとするならば、新しいフランス国立図書館の、いや宇宙図書館の建設までも要求されるであろう。たとえひとが、なにも新しいことを思考する気がなく、自分が知っていると信じるものを思い出し、資料として集め、分類し、記憶のために銘記することだけで満足するとしても、そうなのである。

信と知——〈知っていると信じること〉と〈信じるすべを知っていること〉、この両者のあいだの選択は戯れに類したことではない。それゆえほとんどアフォリズムに近いような形式を選ぼう、と私は自分に言い聞かせた。その形式はいわばひとが機械《マシーン》を選ぶように選ばれたものであり、編集者が認めてくれたページ数、二十五ページか、もう少し多くのページ数の範囲内で、宗教を論じるためのマシーン、考えうる限り最もましな、悪くないマシーンであるように、と願って選ばれたマシーンである。そして私は、この二十五という数をほとんど恣意的に解－読し、数字を入れ替え、アナグラム化して、五十二の数の断章でこのマシーンを構成することにした。五十二の数の断章は、長さが不規則なものであり、ある未知の領野、まだ同定されていない領野にばら撒かれた、いわば五十二個のクリプト〔cryptes〕である。この領野は、まだ同定されてはいないが、それでも私たちがすでに近づいている領野である。あるひとつの砂漠として。つまりそれが不毛であるのかそうでないのか、まだ私たちが知らないような砂漠として。あるいはまた廃墟の領野、鉱脈の、竪坑の、洞穴の領野、墓標（遺骸のない、空の墓標）の領野、散布された種子の領野として。とにかくこの領野はまだその同一性が定まっていない領野であって、ひとつの世界としてさえも同定されてはいないのだ（この「世界《モンド》」という語は、キリスト教的な歴史を備えているので、もうすでに用心して、警戒するよう、私たちに強いる。「世界」というのは、宇宙ではないし、コスモスでもないし、大地でもない）。

36

まず冒頭で、この小論の題名〔信と知――たんなる理性の限界における「宗教」の二源泉〕が私の最初のアフォリズムをなしていたと言えるだろう。この題名は宗教論の伝統を構成する二つの題名を縮約しており、いわばそれら二つの題名とひとつの契約を結んでいる。私が進もうとしたのは、二つの題名を変形させ、もっと別の場所へと導こうとすることである。これら二つの題名の陰画的《ネガティヴ》な部分、あるいは無意識的な部分を発展させようとするのではないとしても、少なくともこれらの題名が（その言わんとすることからは読み取りにくく、気づかないままになっているような仕方で）密かに漏らすように宗教について告げていることのロジックを展開することによって、異なる場へと導こうとしているのである。カプリ島で、討論会の初めに、私は、即興的に話しながら、光について、また島の名について語った（日付をつける必要性、すなわちひとつの限定された会合に署名する必要性について語った。なぜならこの会合はそれ独自の時間と空間のうちに位置しており、あるひとつのラテン的な場所であるカプリ島という特異性に規定されているからである。カプリ島はデロス島ではなく、パトモス島でもない、アテネでもエルサレムでもローマでもないのである）。私は光のことを強調し、あらゆる宗教が火と光と結んでいる関係について力を込めて語った。啓示の光があり、また啓蒙の光がある。光、フォス〔phōs〕、啓示、私たちの諸宗教（ユダヤ教、キリスト教、イスラム教）の源泉であり、陽光の登る方角である東方《オリエント》、スナップ・ショット的な点描。問われており、求められていること——それは、今日と明日の「啓蒙〔Lumières〕」を目指して、これまで行なわれてきた、他の啓蒙〔Lumières（Aufklärung, illuminismo, enlightenment）〕の光に照らして、いかに**宗教を考える**かということである。哲学的な伝統を断ち切ることなしに、しかも今日という日の光のなかで、いかにして宗教を考えるのか。いま述べた哲学的伝統は、西欧の「近代」においては、宗教を名指す題名（根底からラテン的な題名）のうちに、範例的な仕方で刻印されている（なぜそうなのかは、あとで提示しなければならないだろう）。まずカントの本であり、それは啓蒙（Lumièresの、ではないにしても、Aufkläirungの）時代に、その精神において書かれた本である。『たんなる理性の限界内における宗教』（一七九三年）はまた、根源悪に関する書物でもある（今日、理性と根源悪についてはどういうことになっているのか。そしてもしも「宗教的なものの回帰」が、根源悪の回帰となにかしら関係がないわけではないとしたらどうであろうか。根源悪の、少なくともその一定の現象の回帰、近・現代的な、あるいは、このときだけはポスト・モダン的な回帰とある関係をもっているとしたらどうか。根源悪は、宗教の可能性を破壊するのか、それとも制度づけるのか）。それから次には、ベルクソンの本である。この偉大な、ユダヤ教徒であり、かつキリスト教徒である思想家の本、『道徳と宗教の二源泉』（一九三二年）は両大戦間に執筆されたものであり、つまりあのもろもろの出来事の前夜に書かれたものである。★24 それらの出来事をどう考えたらよいのか、人々はまだなおそれらを考えるすべを知らない、ということを知っている。いかなる宗教も、この世界のいかなる宗教的制度も、それらの出来事に無縁であることはなかったし、またそれらの出来事に対して無傷なまま、免疫のおかげで感染しないまま、安全で無事なまま通過することもできなかった。カントの場合もベルクソンの場合も、問題になっていたのはなにかと言えば、それは、今日においてそうであるのと同様に、宗教を考えるこ

★24 「あのもろもろの出来事」というのは、とくにナチによるユダヤ人の迫害、強制収容と虐殺のことを指している。さらには、スターリン主義ソ連における反対派の人々の強制収容のことなども含んでいるだろう。

と、宗教の可能性を考えること、そしてそれゆえ宗教の回帰の、つまり際限なく不可避的な回帰の可能性を考えることなのではないか。

37

「宗教を考える?」——そうあなた方は言う。それはあたかも、このような企てが、あらかじめ、そういう問いそのものを解体してしまうことなどないかのようである。もしひとが、宗教は本来的に思考されうるものであるとみなすならば、たとえ思考することは見ることではないし、知ることでも概念的に受け止めることでもないとしても、ひとはそのとき、宗教を、あらかじめ寄せつけず遠ざけているのであって、こんな問いに関わる事柄は、多かれ少なかれ短い期間のうちに、判断されてしまうだろう。私はすでに、こうやって書いている覚書《ノート》がちょうどひとつのマシーンであるかのように語ったとき、またもや一種の節約《エコノミー》の欲望に捉えられた。つまり、早く進めるために、『二源泉』のあの有名な結論を、ある別の場所へと、ひとつの異なる言述、異なる論証上の賭へと引き寄せようとする欲望である。こういう論証上の賭は、ひとつの、つねに遠回しの翻訳であり、やや自由な定式化でありうるかもしれない、その可能性を私は排除しない。『二源泉』の、あの末尾の言葉を思い出そう。「**宇宙の本質的な機能——神々を作り出す機械であるという、本質的機能——が、逆らおうとする、この地球上において**

までも、成就するために必要な努力」[★25]。もしもひとが、ベルクソンに別のことを、すなわち、彼が言おうと思ったこととはまったく異なること――ただし、おそらく密かに筆記させられるままにしておいたこと――を言わせたとすれば、なにが起こるだろうか。もしベルクソンが、いわば自らの意に反して、なのだが、ためらいの動きそのもの、非決定の、細心さの動き、躊躇しつつ後ずさりする動きそのもの――おそらくそこにこそ、religio の二重の源泉、二重の根元《スーシュ》、二重の根底《ランヨ》が存する――に応じて、ある種の徴候的な取り消し＝撤回〔rétraction〕に対してひとつの場を、あるいはひとつの通り道を残していたとすれば、いったいなにが起こるだろうか（キケロは、religiosus〔宗教祭儀において、綿密で、細心な〕と言うべき行為や存在を定義するために、retractare〔取り消し、撤回して、やり直す〕という言葉を用いている）[★26]。そのとき、ひとはこのような仮説に、いわば二度、機械的なかたち《フォルム》を与えるだろう。ここで、「機械的＝自動的な」というのは、ある意味あい、言うならば「神秘的な」という意味あいで理解される。神秘的であり、密かであるというのはなぜかと言えば、それが矛盾し、困惑させるものであるからであり、また同時に到達不可能で、よそよそしく感じさせ、かつまた慣れ親しんでいるものであって、無気味《ウンハイムリッヒ》であり、気味の悪い《アンカニー》ものであるからだ。つまりこの機械性、不可避的な自動性は、家族的で〔heimisch、homely〕、慣れ親しんだもの、家庭的なもの、固有なもの、エコロジー的なものやエコノミー的なもののオイコス〔家庭内、内部〕、習性《エートス》＝特性、逗留の場から引き剝がす

★25　ベルクソン『道徳と宗教の二源泉』、ベルクソン全集、第六巻、中村雄二郎訳、白水社、一九六五年、三八三―三八四頁。『道徳と宗教の二源泉』においてベルクソンは、途方もない技術の発展により、人間の身体が押し潰され、技術と魂との均衡の破綻が生じることへの懸念を表明しており、またそれを避けるためには、真に人格主義的な文明が提供してくれる「代補《シュプレマン》」を魂が身につけて、機械的なものを神秘的なものの道具とすることが重要だと述べている。

★26　エミール・バンヴェニスト『インド＝ヨーロッパ諸制度語彙集』、第二巻、二六〇―二六三頁を参照のこと。

と同時に、再び結びつけるものを産み出したり、また再‐生産したりするのであるが、まさにそうである程度に応じて無気味であり、気味の悪いものだからである。こうした自動性は、ほとんど自然発生的であり、反射運動のように非反省的な自動化《オートメーション》であるが、いま述べたような引き離しと牽引＝引き寄せという二重化している運動を、何度も何度も繰り返す。つまり、そんな二重の運動は、故郷＝故国、固有言語《イディオム》、文字通りのものから、そしてさらには、今日、「アイデンティティに関わるもの」という語のもとに漠然と集められているものすべてから引き剝がすと同時に、再び結びつけ、結び直すのだ。そのことを簡潔に言うとすれば、このように繰り返されるのは、脱‐固有化すると同時に、再‐自己所有化＝再‐固有化するもの、根こぎにすると同時に、再び根づかせるものであって、それはつまり、あるひとつの論理――私たちがこれから定式化しなければならない論理、すなわち自己‐免疫的な動きによる自己‐補償という論理――に応じて、脱‐自己所有化＝脱‐固有化するものである。

今日において、「宗教的なもの回帰」についてごく穏やかに語る前に、実際、次の二つの事柄を一つのことにして説明しなければならない。そのつど問われるのは機械《マシーン》であり、遠隔‐機械である。

（1）いま述べた「宗教的なもの回帰」、すなわち複合的で、重層的に決定されている現象の急激な広がりは、たんなる回帰ではない。なぜなら、その世界性とそのもろもろの形象（遠隔

―技術―メディア―科学的な形象、高度資本主義的な形象、政治―経済的な形象）は、やはり独自性をもっており、前例のないものだからである。そしてそれは、宗教的なものの、たんなる（単一の）回帰ではない。というのも、それは、二つの傾向のうちの一つとして、宗教的なものの根底的な破壊をともなっているからだ（厳密な意味あいで、ちょうどヨーロッパにおける政治的なものや法を具現化するものすべてのように、ローマ的なものや国家的なものであって、要するに、それらは、むろん非キリスト教的な「原理主義」とか「伝統完全保存主義」がそれらに対抗して闘争しているものであり、だが彼らのみならず、あるかたちにおいて東方の正教徒、プロテスタント、さらにはカトリックの「原理主義」や「伝統完全保存主義」もまた闘っているものである）。また、次の点も言わねばならない。つまり、それらの闘いに直面して、「カトリック的である」か否かを問わず、「平和主義」という企て、全キリスト教会一致運動という企てのなかには、ある別のかたちにおける宗教の自己破壊的な主張――あえて言うならば、自己―免疫的な、自己破壊の主張――が作動しているのである。こうした企ては、普遍的な博愛＝兄弟愛とか、「同じ神の息子としての人間」の和解とかを呼びかける。とくに、これらの兄弟たちがアブラハムの宗教という一神教的伝統に属しているときには、そうである。それで、こういう平和をもたらす運動が二重の地平（一方の地平が他方を隠している、あるいは分割している）を免れることは、やはりつねに困難であろう。

（a）神の死というケノーシス的地平、そして人間学的な再‐内在化（神の命令を前にしたときの誓約という、絶対的かつ超越的真理に対する義務いっさいの以前にある、人間の諸権利および人間的生の諸権利――アブラハムのような人間がいたとして、その人は、それ以降、自らの息子を犠牲に捧げるのを拒むだろうし、つねにひとつの狂気であったこと〔あのイサクのサクリファイス〕をもはや考慮に入れることさえしないだろう）。宗教組織の指導者――公式の代表者――が、たとえばそのなかでも最もメディア的で、ラテン世界的であり、CD‐ROM化されている者であるローマ教皇が、まさしくそのように全キリスト教会一致運動的和解を語るのを聞くとき、ひとはまた同時に（むろんのこと、それだけではなく、それと同時に）ある種の「神の死」の宣告を、もしくは再通知を聞くのである。ときとしてひとは、教皇がそのことについてしか語っていないという印象を抱くことさえある――そのことが教皇の口を通じて語っている、という印象を抱くことも。そしてある別の、神の死が、教皇に活力を与えている〈受難〉につきまとう、という印象までも。だがしかし、どこに相違があるのか、とひとは言うだろう。実際、そうだ。

（b）そうした平和の宣言もまた、別の手段によって戦争を追求しながら、最もヨーロッパ的‐植民地的な意味あいにおいて、ひとつの仲裁者的で宥和的な身振りを隠していることがありうる。こういう身振りは、それがローマから来るものである限り、しばしば起こることだが、ある言述や文化、ある政治や法を、密かなやり方で、まずヨーロッパにおいて、ヨーロッパへと押しつけ、また、カトリック以外のキリスト教を含む、他のすべての一神教に押しつけようと試みるだろう。さらにヨーロッパを超えた仕方で、同様の図式と同じ法的‐政治‐神学的文化を通じて、平和の名において、ひとつの世界ラテン化を押しつけることになるだろう。こうした世界ラテン化は、前に指摘したとおり、これ以降、その固有語法においては、ヨーロッパ的‐英国的‐アメリカ的なものになる。そんな任務は緊急なものだと思える。つまり人口上の不均衡のせいで、外的なヘゲモニーにとっては自らを内部化する以外の、他の戦略を取る余地が残されていないことになり、それゆえ絶えず脅かされているわけであって、それだけにいっそう緊急な、問題含みの任務であると思われる（私たちの時代にとっての宗教の、計算不可能な計算）。以後、こうした戦争の、あるいは平和を告げる仲裁の領野は、リミットのない領野になる——すなわち、すべての宗教、その権威の中心、宗教的な文化、諸国家、そしてそれらが代表している諸国民や民族などは、同じ世界市場へとアクセスするのであって、こういうアクセスはたしかに平等ではないけれども、しかししばしば直接的であり、潜在的にはリミットのないものである。それらは、世界市場の生産者であると同時に演技者＝行為者であり、さらにまた、ご機嫌伺いをされる消費者でもある。あるときは搾取する者であり、またあるときは犠牲者である。それゆえ、それは、遠隔コミュニケーションへの、そしてまた遠隔‐技術科学の世界的網状組織（諸国民横断的な、あるいは諸国家横断的なネットワーク）へのアクセスなのである。そこで、それ以来、「宗教なるもの〔〈la〉 religion〕」が、批判的な理性、そして遠隔－技術科学的な理性につき従い、随伴するのであり、さらにはそういう理性に先行してさえしているのであって、宗教なるものはちょうど理性の影のように、理性を見守る。宗教なるものは理性の寝ずの番をするものであり、光そのものの影、信《フォワ》の保証＝担保、信頼性《フィアビリテ》の要件であって、信託・信用による経験――分かちもたれる知の産出いっさいが前提にしている、信託に基づく経験――である。さらには、証言的な遂行性〔performativité testimoniale〕である。つまり、技術科学的な高性能の達成能力《ペルフォルマンス》のうちに関わり合っている遂行性、そしてまた、そういう技術科学的な高性能の達成と不可分に結ばれた高度資本主義的エコノミーのうちにも関わり合っている、証言的な遂行性である。

（2）宗教と遠隔－技術科学的理性とを、その最も重大な側面において分かちがたいものにするこの同じ運動が、不可避的にその運動自身に反応する。この運動は、自分自身の解毒剤を分泌するのだが、それだけではなく自分自身の自己－免疫能力も分泌する。このとき私たちがいるのは、次のような空間である。すなわち、なにも害されておらず無傷なもの《アンデムヌ》――健やかで無事なもの《サン・エ・ソフ》、聖なるもの《サクレ》（heilig, holy なもの）――の行なう自己保全が、それ自身の保全作用に抗して、また、それ自身の警察力、それ自身の拒否能力、端的に言えば、それ自身

（という固有性）に抗して、言いかえると、それ自身の免疫性に抗して自らを守り、保全しているはずの空間である。こういう無傷なものの自己‐免疫性という論理、恐るべきものであるが、しかし宿命的な論理こそが、〈科学〉と〈宗教〉とをつねに結びつけるだろう。☆23

一方で、批判の「光」や遠隔‐技術科学的理性の「光」は、信頼性《フィアビリテ》を前提にすることしかできない。こうした光は、ある還元不可能な「信念《フォフ》」を作動させなければならない——つまり、ひとつの「社会的な絆」への信念、あるいは「誓約された信」への信念、ひとつの証言（私は、きみに真実を——あらゆる証拠や理論的証明を超えて——約束する、私を信じなさい）への信念、言いかえれば、ある約束の行為遂行《ペルフォルマティフ》——嘘や偽りの誓いにおいてさえも働いており、もしそれがなければ、いかなる他者への呼びかけも可能ではなくなるような、約束の行為遂行——への信念を稼動させねばならない。この基本的な信の行為の遂行的な経験がないとすれば、「社会的な絆」はないし、他者への呼びかけもなく、いかなる遂行性一般もないだろう。すなわち、協約も、制度も、憲法も、主権国家も、法もないし、ここではとくに、科学的＝学問的な共同体の知を、最初から〈すること＝作ること〉に結びつけ、そして科学を技術に結びつける、あの生産的能力の高性能な達成《ペルフォルマンス》の構造的な遂行性《ペルフォルマティヴィテ》もないだろう。この論考において私たちが決まって「技術的科学」という言い方をしているのは、別に現代の紋切り型表現に足並みを揃えているからではなく、科学的行為が、その本質の活動状態《エネルギー》そのものにおい

☆23　「免除される権利をもつ〔immunis〕」ものは、負担金、勤労奉仕、租税、義務から解放されている（munus〔義務〕という語は、共同体〔communauté〕のなかに含まれる〈共同の＝共通の〔commun〕〉という語の語根である）。このような免税や免除は次に、憲法や国際法の領域に移しかえられたのだが（議員や外交官の免除・免責特権《イミュニテ》）、しかしまたそれはキリスト教の歴史や教会法にも属していた。寺院の免除特権は、ある種の人々がそこに見出すことのできたアジール（逮捕を免れた避難場所）の不可侵権でもあった（ヴォルテールは、こうした「寺院の免除特権」に、まるでそれこそ「法の軽視」と「聖職者たちの野望」の「けしからぬ例」であるかのように憤慨した）。教皇ウルバヌス八世は、聖職者特権をもつ修道会を創設したが、

て、かつてないほど明確に、端から端まで実践的な介入であり、技術的な遂行性であること――いまや、みなが知っていること――を思い起こすためである。そしてこうしたことそのものによって、科学的行為は、場所をもてあそぶのであり、もろもろの距離や速度を活用する。科学的行為は〔ローカルなものを〕非ローカル化したり、遠ざけたり近づけたりするし、顕在化＝現働化させたり潜在化させたり、加速させたり減速させたりする。しかるに、このような遠隔－技術科学的批判が展開されるところではどこであれ、そういう遠隔－技術科学的批判はあの基本的な信《フォワ》の、信託に基づく信用〔crédit fiduciaire〕を作動させる――つまり、少なくともその本質においては、あるいはその使命においては、宗教的なものである、あの基本的な信の、信託に基づく信用（宗教そのものではないとしても、宗教的なものの基本条件であり、棲息環境であるもの）を動かし、活用しつつ、また、それを確認するのだ。私たちが〈信託に基づく〉と言い、信用とか信頼性とか言うのは、次の点を強調するためである。すなわち、こういう基本的な信の行為は、遠隔－技術科学的なもののもつ、本質的には経済的で、高度資本主義的な合理性を支えてもいるという点である。いかなる計算も、いかなる保証も、こうした基本的信の行為の究極的必然性を縮減することはできないだろう。言いかえれば、証言となる署名（その理論は必ずしも主体の理論、人称性の、あるいは自我の理論ではない）の必然性を減じることはできないだろう。それを銘記しておくことは、次のことを理解する手段を手に入れることでも

それは租税や兵役に対抗する特権、公共の裁判に服さない特権（裁判特権と呼ばれる）、警察の捜索を免れる特権などであった。この免除される権利＝免疫性〔immunité〕という語彙がその権威を広く示したのは、とりわけ生物学の領域においてであった。免疫反応は、外部からくる抗原に対抗して抗体を生み出すことによって、自己身体の無傷なもの－であること《アンデムーニテ》を保護する。この論考でとくに私たちの関心をひく自己－免疫作用のプロセスについて言えば、周知のとおり、生命有機体にとってこのプロセスは、要するに、自分自身の免疫的な防衛を破壊することによって、自己防御に対抗して自らを保護することに存する。こうした抗体の現象は病理学の広い領域まで拡大されているので、さらにまた私たちはますます免疫抑制剤のポジティヴな効力――免疫に

ある。つまり、今日、前述の「宗教的なものの回帰」においては、もろもろの「原理主義」や「伝統完全保存主義」やその「政治」と、他方で、合理性、すなわちそれらのメディア的次元や世界化の次元すべてにおける遠隔－技術的－資本主義的－科学的な信託性〔fiduciarité、信託に基づくこと〕とのあいだには、原理的に言って、両立不可能性はない、ということである。それらの「原理主義」の合理性は、いわば過度に《ハイパー》批判的であるということもありうるし、☆24 さらにはまた、批判的な身振りの脱構築的なラディカル化に――少なくとも――類似している可能性のあるものを前にして、しり込みしないということもありうるだろう。無知とか、非合理性、「蒙昧主義」などの現象に関して言えば――これらの現象は、「原理主義」や「伝統完全保存主義」のなかで、あれほどしばしば、きわめて安易に取り上げられ、告発されているものだが、そしてそれはたしかに当然でもあるのだが――、それらは多くの場合、残滓であり、表面的な結果である。つまり、免疫的な反応性、補償的な仕方による〔損害を償おうとする〕反応性、自己－免疫的な反応性の、反作用的残りかすである。それらの現象はひとつの深層構造を覆い隠しており、あるいは（いや、それだけでなく、同時に）ある種の自己への恐れを、すなわち自分がそれと一体化している部分をもっている、その当のもの自体に対抗する反応を覆い隠している――それはつまり、ばらばらに解体すること、脱－固有化〔自らに固有なものを失うこと〕、非ローカル化〔自らの住む場所から追われること〕、根こぎにされること、脱－固有言語化〔自らに固有な言語を奪われること〕、そし

よる拒否反応を制限し、ある種の臓器移植に対する寛容性＝耐性を引き出す効力――に頼るようになってきているので、私たちはこの拡大を拠りどころにして、一種の自己－免疫作用の、一種の一般的な論理について語ることにしたい。こういう論理は、今日、信と知のあいだ、宗教と科学のあいだの関係を、源泉の二重性一般として考えるために必要不可欠なものであるように思える。

☆24 「原理主義」や「伝統完全保存主義」のいくつかの現象は――とりわけ、今日、世界人口統計上の尺度に応じて、その最も強力な例を表わしている「イスラム主義」は――、少なくとも、そのことを証言している。「イスラム主義」の明白な特徴はあまりにもよく知られているので、いまさら強調するまでもない（狂信、蒙昧主義、殺人的暴力、テロリズム、女性の

て所有剝奪（そのあらゆる次元における、とりわけ性的な——ファロス的な——次元における剝奪）などであって、それらは遠隔－技術科学的な機械がまちがいなく産み出すものである。ルサンチマンという反応性は、こういう運動を分割しつつ、その運動を、それ自身に対立させる。こうしてルサンチマンの反応性は、免疫をもつと同時に自己－免疫的である運動のなかで、自分自身に対して償いをする＝自分自身を無傷なものにする。機械への反応は、生命そのものと同じくらい自動的（そしてそれゆえ機械的）である。このような内的分裂——隔たりを開く分裂——もまた、宗教の「特性＝固有性〔propre〕」である。すなわち、宗教を、「特性＝固有性」に適応させるもの（特性＝固有性がまた、害されておらず無傷なもの、つまりheiligなもの、神聖なるもの〔saint〕、聖なるもの《サクレ》、健やかで無事なままのもの〔sauf〕、免疫をもつもの《イマン》などである限りにおいて、そうするもの）であり、またさらに、宗教的な補償作用＝無傷なものへと戻す作用《アンデムニザシオン》を、あらゆるかたちの固有性＝属性〔propriété〕——その「文字」における言語的固有語法から発して、大地や血に至る、そして家族や民族に至るまでの固有性＝属性——に適応させるものである。こうした内的な、そして直接的な反応性は、免疫をもつものであると同時に自己－免疫的なものであるが、こんな反応性のみが、いわゆる宗教的な波が押し寄せ、砕けつつ広がること〔déferlement〕を、すなわちその矛盾する、二重の現象において波が砕けつつ拡大することと呼ばれるものを、説明することができる。この

抑圧、等々）。しかし、ひとはしばしば次のことを忘れている。つまり、とくにそのアラブ世界との関係において、また、長い歴史のせいでアラブ世界が適応することのできない技術－経済的な現代性に対抗して発現する、あらゆるかたちの、乱暴な、免疫的かつ補償作用的な反応を通じて、こういう「イスラム主義」はまた、現行の民主主義を、その限界、その実際的概念や能力という点で、市場や、それを支配する遠隔－技術科学的理性に結びつけているものに対して、一種のラディカルな批判を展開してもいる、ということである。

〈波が砕けつつ拡大すること《デフェルルマン》〉という語は、波が二重に重なり合うことを示唆するために、私たちにとってどうしても必要な語である。こういう波の重なり合いは、この波がうねりつつ、ぶつかって砕け、対立しているように見えるものそのものを自己所有化する〔s'approprier〕——それと同時に、ときにはテロルやテロリズムにおいて、波の重なり合いは、それを守っているものそのものに対抗し、それ自身の「抗体」に対抗して憤激する。このとき、砕けつつ押し寄せる波は、敵と連合し、抗原を歓迎し、他者をともに自分の道連れにしながら、敵対する力によって増大し、膨れ上がる。どこかわからないがどこかの島の沿岸から、まさに砕けつつ押し寄せる波がやって来るのを、つまり逆らいがたいやり方で自動的に、自然発生的に膨れ上がりながら到来するのを、たぶん私たちは予測していると思う。だが私たちは、そういう波のうねりが、地平なしに到来するのを見ると信じる。私たちは、それが到来するのに備えているところで、にもかかわらずもはや見るということに確信がもてないし、また、そこにまだ未来《アヴニール》があるということにも確信がもてない。未来は予見を許さないし、摂理も許さない。したがって、「私たち」は実のところ、むしろこの砕けつつ押し寄せる波のなかに捉えられ、不意を襲われたまま、未来のうちへと運び去られていくのである——そして私たちが考えることを願うのも、この未来なのだ（もしも、この考えるという語を、なおここで使うことができるなら、の話であるけれども）。

今日、宗教は遠隔－技術科学を同盟者としつつ、また同時に、全力でそれに反応し、反作用を行なっている。一方で、宗教は世界ラテン化であって、遠隔－メディア化の資本と知を産み出し、それらと交わり、活用している。そうでなければ、ローマ教皇の旅行とその世界的なスペクタクル化は可能ではないし、多くの国家間の規模における「ラシュディ事件」も、地球規模のテロリズムも、これほどのリズムで起こることは不可能だろう――そして私たちはこうした指標を無限に増やせるだろう。

しかし、他方で、宗教は、それと同時的に、自分自身のすべての場所から、実のところ自らの真実の場所そのものから、つまり自らの真実が生起すること〔場をもつこと〕から宗教を追い出すことによってのみこの新たな力を与えてくれるものに対して、ただちに、反作用を行ない、宣戦を布告する。宗教は、免疫をもつとともに自己－免疫的であるという、あの矛盾した二重の構造に応じて、自らを脅かすことによってのみ自らを守ってくれるものに対抗して、恐るべき戦争を仕掛けるのである。しかるに、これら二つの動き《モシオン》のあいだの、あるいは二つの源泉のあいだの関係は、不可避的なものであり、それゆえ自動的で、機械的である――それらのうちの一方は、機械《マシーン》の形をもっており（機械化、自動化、機械を備えつけ、仕掛けること＝たくらむこと〔machination〕、機械仕掛け〔mekhanê〕）、そして他方は、生き生きした自然発生性＝自発性という形、生命の、害されておらず無傷な固有性の形、すなわち、あるひとつの異なる、（いわゆる）自己規定＝自主的決定の形をもっている。しかしながら自己－免疫的なものは、共同体に、そしてその免疫的な生き残り《シュルヴィ》のシステムにつきまとう――ちょうどそれ自身の可能性の誇張〔修辞学で言うところの誇張法〕であるかのようにつきまとうのである。自己－免疫性というリスクがないとすれば、最も自律的な――現前する――生命体において、共同的なものも、免疫をもつものも、健やかで無事なものも、聖なるもの《ハイリッヒ》－神聖なもの《ホウリー》も、害されておらず無傷なものもなにもない。いつものように、リスクは二度セットされる――同じ、有限なリスクであるが。一度というよりもむしろ二度――一度はひとつの脅威であり、もう一度はひとつの好運《チャンス》である。簡潔に言えば、それにとって必要なことは、あの根源悪の可能性を引き受けること――もしこう言えるとすれば、担保に入れること――である。それがないとするなら、私たちは正しくなすことはできないだろう。

……**そして**柘榴《ざくろ》の実＝手榴弾の礫《つぶて》

（これらの一般的な前提もしくは定義が措定されたので、そして許容されている紙幅がますます狭くなってきたので、残りの十五の命題を人工衛星のように打ち上げよう——これまで以上に一つ一つ分散した、柘榴《ざくろ》の実＝手榴弾の礫《つぶて》のように飛び散った、種撒きのように散らばっている形式のもとに、つまりアフォリズム的で、不連続な、並置されていて、独断的な、指標となる、あるいは潜在的である、節約的《エコノミック》でもある形式——要するに、かつてないほど電報文的な形式——のもとに、衛星軌道へと乗せることにしよう。）

38

未-来〔à-venir、来たるべきもの〕および反復に関する——来たるべき言述《ディスクール》について。公理——遺産を相続することなしには、そして反復するという可能性なしには、いかなる未-来もない。なんらかの反復可能性《イテラビリテ》——少なくとも、自己への同盟というかたちでの、そしてまた、根源的な〈ウイ〔然り〕〉の確認というかたちでの反復可能性——がなければ、いかなる未-来〔à-venir〕もない。なんらかのメシア的な記憶と約束、すなわち、いかなる宗教よりも古く、どんなメシア待望思想〔messianisme〕よりも根源的な、ある種のメシア的なもの＝メシア性〔messianicité〕の記憶および約束がないとすれば、いかなる未-来もない。ある基本的な約束の可能性がなければ、言述はまったくないし、他者への語りかけ＝呼びかけもまったくない。そしてこの同じ可能性を、偽りの誓い《パルジュール》も、果たされない約束も〔当然のものと〕要求する。それゆえ、〈ウイ〉の確認の約束がなければ、約束はまったくないのだ。こういう〈ウイ〉は、ひとつの信《フォワ》の信頼性、あるいは信用性を、当然のものとして含んできただろうし、またつねに含んでいるだろう。したがって、反復可能性《イテラビリテ》が当然のことと前提にしている技術的なもの《テクニック》、機械的なもの、自動的なものがないとすれば、信《フォワ》も、未来もまったくない。この意味あいで、技術は信《フォワ》の可能性である、さらにまた、好運《チャンス》であるとも言えるだろう。そしてこのチャンスは、自らのうちに最大のリスクを、つまり**根源悪**の脅威そのものを含んでいるのでなければならない。さもなければ、それは信《フォワ》のチャンスというのではなく、プログラムや証明の、予測可能性とか摂理の、まったくの知《サヴォワール》や純粋な手腕＝技量〔savoir-faire〕のチャンス、すなわち未来を廃棄するもののチャンスであるということになるだろう。それゆえ、ほとんどつねにそうされるように、機械的なものと信《フォワ》とを対立させる代わりに、それらを、一つの同じ可能性としてともに考えなければならない。それのみならず、機械的なものを、聖なる‐神聖さ〔sacro-sainteté〕（聖なるもの《ハイリッヒ》、神聖なもの《ホーリィ》、健やかで無事なもの《サン・エ・ソフ》、害されておらず無傷なもの《アンデムヌ》、なにも触れられていないもの《アンタクト》、免疫をもつもの《イマン》、自由なもの、生命あるもの、産み出すもの、豊穣なもの、強壮なもの、そしてとりわけ、あとで見るように、「膨張したもの」）に関わりあった諸価値、より正確に言えば、**ファロス的**効果の聖なる-神聖さのうちに巻き込まれ、関わりあったすべての価値とともに考えなければならない。

39

こういう二重の価値というのは、たとえば、ファロス〔像《イマージュ》としての男根、また、古代ギリシアで、ディオニュソスの祭礼時に行列が持ち回る男根を模した像〕が、あるいはむしろ**ファロス的なもの**、ファロスの効果が——それは、必ずしも人間に固有なものではないのだが——その差異において意味することではないか。そこにあるのは、ファロスの現象、示すこと＝現わすこと〔phainesthai〕、ファロスの日の光＝陽光ではないか。それだけではなく、また、ファロスを、その純粋な、それ自身の現前《プレザンス》から引き離すことのできる二重化の、すなわち反復可能性の法則に応じて、そこにあるのは、ファロスの幻の現われ《ファンタスマ》、ギリシア語ではその幽霊《ファントーム》、その亡霊《スペクトル》、その分身、あるいはその物神《フェティッシュ》＝呪物ではないか。それは、勃起＝直立の（つまり、最大限の生命、害されておらず無傷な《アンデムヌ》まま、補償され《アンデムニゼ》、免疫をもち、無事で、聖なる-神聖さのままに保つべき生命の最高値の）巨大な自動性ではないか。だがそれのみならず、また、そのことそのものによって、その反射的性格という点で、このうえなく機械的なものであり、それが表象＝代理している生命から分離される度合が最も高いものではないか。ファロス的なものとは、ペニスとは異なっており、ひとたび自己身体から引き離されると、あのマリオネットのようなものでもあるのではないか、すなわち人々がそれを直立させ、見せびらかして、物神化＝呪物化し、行列してあちらこちらへと引き回す操り人形でもあるのではないか。私たちはそこに、ある強力なロジックの力、むろんこのうえなく潜在的なものではあるけれども、遠隔－技術科学的な機械《マシーン》を――つまり、生命に役立つと同時に生命の敵であるものを――宗教的なものの資源そのものへと結びつけるものいっさいを説明するために十分なほど強力なロジックの力、もしくはその支えを手にしているのではないか（もちろん、説明する＝決算報告する〔*logon didonai*〕とは言っても、それは、計算しえないものを考慮に入れつつ、そうやって計算しえないものを計算しつつ、そうするのであるが）。言いかえれば、そのように結びつけるものは、このうえなく生き生きしたものへの信《フォワ》である、つまり死んだもの、しかし自動的に生き残るもの〔*sur-vivant*、超えて、さらに生き延びるもの〕としての最も生命溢れるもの、亡霊的な現われにおいて甦ったものへの信《フォワ》である。すなわち、神聖なもの、健やかで無事なもの、害されず無傷なもの、聖なるもの、要するにheiligという言葉を翻訳する言い方すべてのものへの信《フォワ》である。もう一度言うならば、一般化された物神《フェティッシュ》の崇拝の、あるいは文化の母型《マトリックス》であり、縁《ふち》のないフェティシズムの母型、〈もの〔Chose〕〉そのものを物神化するような礼拝の母型である。私たちは、恣意的なやり方ではなしに、次のことを読み取り、選び、結び直すことができるかもしれない。すなわち、害されておらず無傷なもの――「神聖なもの、聖なるもの、健やかで無事なもの、heilig, holy」――の意味論的系譜のなかで、勃起や妊娠の自然発生性における力とか生命の力を言うもの、豊饒さ＝多産性、増大、増加、そしてとりわけ膨張を言うもの、そうしたものすべてを読み、選び、結び直すこともできるだろう。☆25 簡潔に言えば、ここで、ファロス崇拝とその諸現象――多くの宗教の核心にあることがよく知られている――を想起させることだけでは不十分なのである。三つの大きな「一神教」は、割礼がつねにそうであるような試練、害されておらず無傷なものの被る試練のうちに、〔神と人との関係を〕創設する役目を担う契約や約束を刻み込んだ――このとき割礼というのは、「外的なものにせよ内的なものにせよ」、文字通りのものにせよ、（聖パウロの言葉以前にも、すでにユダヤ教そのものにおいて言われていたような）「心の割礼」にせよ、つねに無傷なものの被る試練なのである。そしておそらく、まさにこの地点において、なにゆえ、分かちがたく倫理的かつ宗教的な暴力の、このうえなく破壊的な奔出において、女性たちが、至るところで、特別の犠牲者になるのかを問うべきなのだろう（たんに殺害の犠牲者であるというだけではなく、さらにはそれに先立つ、あるいはそれに伴う強姦や身体切除の犠牲者であるとも言える）。

☆25 ここで、来たるべき作業の前置きを、一つずつ並べてみよう。『インド＝ヨーロッパ諸制度語彙集』は、時宜を得た仕方でいくつかの「方法上の困難」をもう一度確認したあとで、〈聖なるもの《サクレ》〉と〈神聖なもの《サン》〉に一つの章を割いているが、このきわめて豊かな章から、まず――そしてまたもや、ということになるが――そうした前置きを取り出すことにしよう。そこに指摘されている「困難」は、バンヴェニストにとってよりも、私たちにとってもっと重大であり、もっと原理に関わるものだと思われるのはたしかだ、たとえ彼が、自らの「研究対象が徐々に解体してゆくのを見ることになる」（一七一頁）危険を認めるのに同意するとしても、そうなのだ。バンヴェニストは、やはり「最初の意味」（宗教そのもの、そして「聖なるもの《サクレ》」の崇

40

生命溢れるものの宗教というのは、ひとつの同義反復ではないか。絶対的命令、神聖なる法、救済〔salut〕の法――すなわち、生命あるものを、触れられていない、損害なく無傷なものとして、損なわれていないものとして救うこと、害されていない無傷なものは絶対的に尊敬される権利、慎み＝自制とともに、控え目＝遠慮をもって扱われる権利をもっているが、そういう無傷なものとして救うこと。それゆえ、ある大きな任務が必然的に生じる。その任務とは、類比的に結ばれる動機の連鎖を、聖化し－神聖化する態度のなかで、あるいはそういう志向性のなかで、再構成することであり、さらにはまた、そうであるもの〔ce qui est〕との関係、そうであるままにとどまるべきものとの関係、もしくは、そうであるままにしておくべきもの（heilig なもの、生命溢れる＝生き生きしたもの、強壮で豊饒なもの、勃起的で多産なもの――すなわち、損なわれず無傷なもの、完全無欠なもの、無事なもの、免疫をもつもの、聖なるもの、神聖なもの、等々）との関係において、それら類比的な動機の連鎖を再構成することである。救済〔salut〕と健康〔santé〕。このような志向をもつ態度は、同族の、多くの名をもっている。すなわち、尊敬＝尊重、遠慮＝控え目、慎み＝自制、抑制、敬意＝注意〔Achtung〕（カント）[★27]、遠慮＝ものおじ〔Scheu〕、控えること＝抑制〔Verhaltenheit〕、そうであるままにしておくこと＝放下〔Gelassenheit〕

拝）も維持しつつ、実際、さまざまな固有言語の網の目、綿密に調査された諸系統や語源たちのなす複雑な網の目総体のなかで、繰り返し現われる、執拗なテーマ、「豊穣さ＝多産性」、「強壮な」、「力強い」などのテーマを同定しているが、とりわけ膨張という形象、あるいは〔膨張という〕イマーゴ的〔imaginal〕なシェーマにおいて、それらのテーマを同定している。

長い引用をすること、さらに残りの部分については項目全体を参照するよう読者にお願いすることを許していただきたい。

「形容詞の sūra はたんに「強い」を意味するだけではなく、多くの神々やゾロアスターのような何人かの英雄を形容するし、さらには〈曙光〉のようなある種の観念《ノシオン》も形容する。ここで求められるのは比較することであり、同じ語根から派

（ハイデガー）[★28]、休止＝停止〔halte〕一般などである。[☆26] これらの名で呼ばれているものの中心《ポル》、テーマ、原因は同じではない（法、聖性、神聖性、来たるべき神、等々）が、しかしそれらに関係する動きは類比的であるように見え、そしてそこで宙吊りになっており、実のところ中断されている。それらはすべて休止＝停止しているか、あるいは休止＝中断をマークしている。おそらくそれらは一種の普遍〔universal〕[★29]を構成しているのであり、つまりは「宗教」ではなく、宗教性の普遍的構造を構成しているのである。というのもそれらは、本来的な仕方で宗教的であるのではないとしても、宗教的なものの可能性をつねに開くのであり、もはやそういう可能性を制限したり押しとどめたりすることがけっしてできないやり方で、そうするのである。やはり分割された可能性である。一方では、たしかにそれは、聖なる神秘のままとどまるものを前にして、つまりちょうどひとつの秘密の神秘的な免疫性がそうであるように、触れられないまま、あるいは接近しえないままにとどまらねばならないものを前にして、恭しく敬意をこめて差し控えること、もしくは制止されて自粛すること＝自制することである。しかし、この同じ休止＝中断は、このように引き下がったところに保たれることで、無傷なままとどまるものへ近づく通路《アクセス》を開くこともするのであり、そういう通路＝接近は媒介作用のない、表象作用もないアクセスであって、それゆえなにかしら直観的暴力を含むものである。ここにこそ、神秘的なもののもう一つ別の次元がある。このような普遍性〔universal〕はおそらく、*religio* の世界規模の翻

生し、最初の意味を明らかにしてくれる類縁語との比較である。つまり、ヴェーダ語の動詞 sū- śvā- は〈ふくれる、増大する〉を意味するとともに、〈力〉や〈繁栄〉を含意し、そこから śūra〈強い、雄々しい〉が生まれているのだ。同じような観念上のつながりはギリシア語にもみられ、現在形の kueín〈妊娠している、自分の胎内に宿す〉が、一方で実詞の kûma〈（波の）うねり、波〉に、他方で kûros〈力、至上権〉、kúrios〈至上の＝至高な〉に結びつけられている。この比較からは、当初〈ふくらむ、かさを増す〉ということで意味が一致していたこと、そして三つの言語のそれぞれで特殊な発展をとげたことが明らかになる。（略）ギリシア語においてもインド＝イラン語においても、意味は、〈ふくらむこと、膨張〉から〈力〉あるいは〈繁栄〉へ

訳を可能にするものであり、また約束するものである。すなわちそれは、ためらい＝細心さ《スクリュピュル》、尊敬＝敬意、停止《アレ》、控えること＝抑制《フェアハルテンハイト》、遠慮＝控え目《ピュドゥール》、遠慮＝ものおじ〔Scheu〕、恥じらい〔shame〕、慎み深さ、そうあるままにしておくこと＝放下〔Gelassenheit〕、等々、である。言いかえると、健やかで無事なまま、害されず無傷なままであるべきもの、そうとどまるべきものを前にして休止することであり、また、ときには自己犠牲という代価を払って、そして祈りのなかで、それがあるべきままにしておかねばならないもの――他なるもの――を前にして休止することである。このような普遍《ユニヴェルサル》、このような「実存論的な」普遍性こそが、*religio* の世界ラテン化に対して、ひとつのシェーマという仲介を提供したということもありうるだろう。いずれにせよ、その可能性に対して。

　そこで、こういう同じ動きのなかで、外見的には明らかに二重になった要請を説明することをしなければならないだろう。つまり、一方には、**生命**の絶対的尊重、「汝、殺すなかれ」（生命あるもの一般ではないにしても、少なくとも汝の隣人を）があり、そして「伝統完全保存主義者」による禁止がある。すなわち、中絶、人工授精、遺伝子の潜在能力への遂行的介入（そこに、たとえ遺伝子治療を目的にする介入であっても、すべて含めて）に対する禁止である。また、他方には、供犠《サクリファイス》という天命的なものがある（さまざまな宗教戦争やそのテロリズムについて、そしてその虐殺について語ることはしないでおくにせよ）。こんなサクリファイス

と進展していく。（略）こうして、ギリシア語の kuéō〈妊娠している〉と kúrios〈至上の＝至高な〉、アヴェスタ語の sūra〈強い〉と spənta とが再び関連づけられるようになるが、これらの関連は〈聖なるもの〉という観念の特異な起源を徐々に明確にしてくれる。（略）したがって、神聖にして聖なる〈侵すべからざる〉性質というのは、生へと導き、自然の産物を出現させることのできる、充溢する、多産な力という観念として定義される」（一八三―一八四頁）。〔邦訳、バンヴェニスト、前掲書、第二巻、一七五―一七六頁〕。

　こうして、バンヴェニストも強調した、この注目すべき事実、すなわち、「ほとんど至るところで」、「ただ一つの語ではなく、二つの異なる語」が「〈聖なるもの〉という観念」に対応しているという事実もま

という召命もまた、広く普遍的なものである。それは、かつては、ここかしこで行なわれていた人身供犠であって、そこには三つの「大きな一神教」も含まれていた。それはつねに生命あるものの犠牲《サクリファイス》であり、牧畜と大量の屠殺というレヴェル、漁業や狩猟産業のレヴェル、動物実験のレヴェルで、いまなお、そしてかつてないほど行なわれている。ここでついでに言っておくと、ある種のエコロジストと菜食主義者たちは、少なくとも彼らが、あらゆる肉食に対して――たとえそれがシンボリックなものであれ[☆27]――穢されず純粋である（害されず無傷である）と信じている程度に応じて、宗教のあの純粋な二源泉のうちの一つを尊重すべき、また、実際、まさにひとつの宗教の未来であるかもしれないものの責任を担うべき、現代の唯一の「修道士」であるということになろう。こうした二重の要請（生命の尊重とサクリファイス的召命）の力学《メカニック》＝機械仕掛けはどのようなものなのか。私たちはそれを機械仕掛けと呼ぶ。というのも、それは、ひとつの技術のもつ規則性とともに、生命体のなかに非－生命体の審級を、あるいはそう言うほうがよければ生ある者のなかに死者の審級を再生させるからである。それはまた、私たちがさきほど述べたようなファロス的効果に応じた自動ロボットでもあった。それは、操り人形《マリオネット》、死んでいるのに生きている以上に生きている機械《マシーン》、生の原理、そして生き－残ること〔sur-vie、死を超えた生〕の原理としてのファンタスム――死者が亡霊として生きている、という幻想《ファンタスム》――であった。こういう機械仕掛け《メカニック》の原理は、一見したところきわめて単純であ

た、この論考の「二源泉」という表題に書き込むことができるかもしれない。バンヴェニストは、それら「二つの異なる語」を分析している。とくに、ゲルマン語（ゴート語 weihs〈聖別される〉と古代スカンジナヴィアのルーン文字 hailag、ドイツ語の heilig）において、また、ラテン語の sacer と sanctus においても、ギリシア語の hagios と hieros においても、そうしている。ドイツ語 heilig の起源にあるゴート語の形容詞 hails は、〈救済、健康、身体の完全無欠性〉という観念を表わしているが、それらはギリシア語の hugiés、hugiainōn〈元気溌剌とした〉の翻訳にあたっている。それらに対応する動詞形は〈健康にする、もしくは健康になる、治癒させる〉を意味する。（バンヴェニストはそうしてはいないけれども、ここで、私たちは、すべての宗教や神

る。すなわち、生が絶対的に価値をもつのは、ひとえに生以上の価値をもつときだけだということである。したがって、〔失われた生を哀悼し〕生の喪に服すとき、そして無限に終わることのない喪の作業のなかで、つまり縁《ふち》どられていない亡霊性という補償作用《アンデムニザシオン》〔すなわち、無傷なものへと復元する仕方で償うこと〕において、生がまさにそうあるものになるときだけだ、ということである。生が聖なるもの、神聖なもの、限りなく尊重されるものになるのは、もっぱら、生のうちで生以上に価値をもつものの名、生物学－動物学的なものの自然性——犠牲にすることが可能なもの——にとどまることのないものの名においてのみである。もっとも、真の犠牲《サクリファイス》＝供犠は、「動物的な」とか「生物学的な」とか言われる、「自然的な生」を犠牲にするだけではなく、そのように自然的な生以上に価値をもつものもまた犠牲として捧げるべきなのであるが。こうして、生＝生命の尊重は、宗教としての宗教が行なう言述《ディスクール》のなかでは、唯一「人間の生」にのみ関わる。つまり、人間の生が、なんらかの仕方で、その生自身よりも価値をもつもの（神的なもの、法の聖性－神聖不可侵性〔sacro-sainteté de la loi〕☆28）の無限の超越を証言する限りにおいて、ひとえに「人間の生」にのみ関わるのである。人間という生命ある者の、すなわち人間学的－神学的な生者の値打ち＝価格、害されず無傷なまま（heilig な、聖なる、健やかで無事な、免疫をもったまま）とどまるべきものの、絶対的価格としての価格、尊敬＝尊重や控え目＝遠慮、慎み＝自制などを〔私たちに〕吹き込むはずのものの価格——そういう価格には価格がない。

聖化する作用にとって、それは同時に治癒でもあるという必然性をもつことを定めることもできるだろう。つまり、あらゆる宗教ないしあらゆる神聖化が、治癒——hellen、healing——であり、また、健康、救済もしくは治療——cura、Sorge——の約束であって、さらに、贖いという地平、無傷なものの復元、〔損害を償う〕補償作用といった地平を必然的にもっていることを見定めてもよいだろう。）英語 whole（「全体の、手つかずのままの」、それゆえ「無事な、救われた、その完全無欠性において無傷な、免疫をもつ」）に隣接した語である英語の holy についても同様である。「元気潑剌とした、身体が完璧な状態にある」を意味するゴート語の hails も、ギリシア語 khaîre「御機嫌よう！」と同じく、願望機能を担っている。バンヴェニストはそこにある「宗教

それは、カントが目的＝究極それ自体の尊厳と呼ぶものに対応する。つまり、有限な、理性的な存在のもつ、市場で比較されるあらゆる価値（市場価格〔Marktpreis〕）を超えている絶対的価値の尊厳に対応している。★30 こうした生の尊厳は、現前している生者を超えた彼方においてしか保たれることができない。それゆえ、超越、物神崇拝《フェティシズム》、亡霊性が生じ、宗教の宗教性が生まれる。このように生者のうえに——その生者の生命が絶対的に価値をもつのは、ひとえに生命以上に、つまり自分自身以上に価値をもつときだけであるが——〔生命を〕超え出るものが過剰に溢れていること、まさにここに死の空間を開くものがある。ひとはそういう死の空間を、自動ロボットに（典型的には「ファロス的な」自動ロボットに）結びつけるのであり、また、技術、機械、代行器官＝代行機器★31、潜在性に結びつける。要するに、自己‐免疫的な、そして自己犠牲的な代補性の諸次元に結びつける。つまりはあの死の欲動《ピュルシオン》に結びつける——そういう死の欲動は、すべての共同体《コミュノテ》、すべての共‐自己‐免疫性〔auto-co-immunité〕に、沈黙のうちに働きかけており、そして実のところ、そういう共同体をそれとして構成している、すなわち、その反復可能性《イテラビリテ》、遺産相続性、亡霊的伝統という点において、まさに共同体をそういうものとして構成しているのである。共に‐義務として‐自己‐免疫作用をするもの〔com-mune-auto-immunité〕としての共同体〔communauté〕。いかなる共同体であれ、自分自身の自己‐免疫作用を維持して同じ状態に保つことをしないような共同体はありえない。つまり、自己保護の原理（自己の、害

的な価値」を強調している。「《救い（健康）》を有する者、すなわち完全な身体をもつ者は、自らも《救い（健康）》をもたらすことができる。また、《完全である〔手つかずである〕》とは、ひとが希求する幸運、期待された前兆を指す。とすれば、そうした《完全性》のうちに神の恩寵や聖なる意味が認められるのも当然なことと言えよう。本性からして神は完全性や救い、幸運〔の付与〕といった生得的な資質を備えており、それを人間に授けることができるからだ（略）。だからこそ、歴史の推移とともに、ゴート語の原語 weihs が hails や hailigs に置き換えられていったのである」（一八五—一八七頁）。〔邦訳、バンヴェニスト、前掲書、第二巻、一七七—一七九頁〕。

★27 カントにおける敬意＝尊敬（Achtung）について、主に『カント事典』

されていない完全無欠性を保全するという原理）を破りつつ、サクリファイス的な仕方で自己を破壊するという原理――そしてそのように自己を破壊するのは、なんらかの、見えない、亡霊的な生き－残り〔sur-vie〕を目指して、そうするのであるという原理――を維持して保つようにしない共同体はないのだ。このように自己に異議を提起する動きを証明することによって、自己－免疫的な共同体は生きた状態に保たれるのであり、言いかえると、自分自身とは異なるもの、自分以上のものへと開かれたままになるのである。すなわち、他なるもの＝他者、来たるべきもの《アヴニール》＝未来、死、自由、他者の到来あるいは他者への愛に、そしてすべてのメシア待望思想を超えているメシア性（亡霊化させるメシア性）の空間と時間に開かれたままとなる。そこに宗教の可能性が保たれており、次のような宗教的つながりも保たれる、つまり生の価値やその絶対的な「尊厳」と、神学的機械、「神々を創り出す機械」とのあいだの宗教的な（ためらうまでに細心の、恭しく敬意をこめた、控え目で遠慮がちな、慎み深く、抑制された）つながりもまた保たれる。

41

そのとき、二重になった緊張緩和《デタント》および二重になった協和《アンタント》への応答としての宗教は、省略法《エリプス》である――すなわち、供儀《サクリファイス》＝犠牲の省略である。私たちは、供儀のない、祈りのない宗教とい

（弘文堂、一九九七年）に基づいて、少し註記する。「私たちにとって法則であるような理念へと到達することに、私たちの能力がけっしてよく適合してはいないという感情は、〔そういう法則への〕尊敬となる」（『判断力批判』）。尊敬とは、理性的存在者が、神聖である（heilig）モラル法則に対して抱かざるをえない道徳的感情のことである。法則は無制約な実践的必然性を伴って表象されるが、有限な意志は、傾向性や下級欲求能力のせいで、「自分への愛」の原理に基づいて自らを規定しようとする。これは、根源悪が生じる由来の一つになる。「意志がモラル法則へと完全に適合することは神聖性（heiligkeit）である」（『実践理性批判』）が、有限な意志の有限性にとって、法則との合致（神聖性）の理念によく適合してはいない、という意識ないし感情

うものを想像できるだろうか。ハイデガーが存在神学の特徴となるしるしと認めるのはなにかと言うと、そこにおいては〈絶対的存在者〉との関係あるいは〈最高原因〉との関係が、供儀を捧げることや祈りから解放されているということ、そしてまさにそのことによって供儀奉納や祈りが失われているということである。しかし、そこにもまた、二つの源泉がある、すなわち分割された法、二重拘束《ダブル・バインド》、さらにまた二重となった焦点＝発生源、宗教の楕円《エリプス》および根源的な二重性がある。それはつまり、無傷なものの法や健やかで無事なものの救済、そして聖なる＝神聖なもの（heilig, holy なもの）を慎み深く尊重することは、サクリファイス（供儀＝犠牲）を――すなわち、無傷なもの《アンデムヌ》を〈補償する作用＝無傷なものへと復元する作用〉、免疫性の代価を――要求するのであり、かつまた同時に排除するのだ、ということである。それゆえ、自己＝免疫作用が生まれ、サクリファイス（供儀＝犠牲）のサクリファイス（供儀＝犠牲）が生じる。こういうサクリファイスは、つねに同じ動きを、つまり絶対的他者を傷つけたり侵害したりしないために支払わなければならない代価を表象している。非＝暴力という名における、サクリファイスという**暴力**である。絶対的な尊重はまず自己犠牲を、最も貴重な利益の犠牲を命じる。カントがあの道徳法則の「神聖さ」について語るのは、知られているとおり、彼が明示的な仕方で「サクリファイス」に関する言述を行なうから、つまり、「たんなる理性の限界内における」宗教の、ある別の審級、唯一の「道徳的な」宗教としてのキリスト教

が止むことはない。法則に較べて、自らの低さに恥じ入る「有限な理性的存在者」は、モラル法則への尊敬の念を禁じえないのである。

★28　Gelassenheit は、平静、冷静、沈着、落ち着き、などを意味する。元の他動詞である lassen（フランス語の laisser に対応）は、断念する、放棄・放置する、委ねる、そのままにしておく、などを意味することから、そのままに委ねておくこと、到来・退去するままにしておくこと、存在するままにしておくこと、またそのような状態を意味すると考えられる。放下という訳語が用いられることが多い。

☆26　私は別の場所、あるセミネールで、この halte〔停止・中断すること＝差し控えること〕の価値について、またとくにハイデガーにおける halten〔引き止める、停止する、守り

の、あるひとつの別の審級に関して言述しているからである。★32 したがって、自己犠牲は、最も固有なものに奉仕するために最も固有なものを犠牲にするのである。それはあたかも次のようなものだ。つまり、純粋理性は、自己－免疫的な補償作用＝無傷なものへと復元する作用のプロセスにおいて、いわば宗教というもの〔la religion〕を、あるひとつの宗教に向かって対立させることしか、あるいは純粋な信《フォワ》を、しかじかの信仰《クロワイヤンス》に向かって対立させることしかできなかったかのようなものである。

42

私たちの「宗教戦争」において、**暴力**は二つの年代をもつ。ひとつは、すでに話したが、「同時代の」もののように見える。それは遠隔－テクノロジー――「デジタル的」で、サイバースペース化された文化――の極度なまでの精密化と一致しており、ないしはうまく結び合っている。もうひとつは、こう言うことができるなら、ある「新しい、しかし古代風で、時代遅れの暴力」である。こちらの暴力は、最初のほうの暴力に対して、また、その暴力が表象するものすべてに対して反撃を行なう。復讐というわけだ。この後者の暴力は、実際にはメディア的な権力の有する同じ資源に頼りながら、（私たちがここで定式化しようと試みている、回帰、立ち直りの方策《ルスルス》、本源への復帰《ルスルスマン》などの動きに応じて、つまり、内的で、自己－免疫的な反応＝

抜く」をめぐってこのhalteの価値が命じている用語系列について、より一貫した省察を試みている。Aufenthalt（多くはheiligなものの傍らにおける、滞在、エートス〔住み慣れた場所、慣習、習俗〕）もそうだが、それと並んで、Verhaltenheit〔恥じらい＝慎み（pudeur）、尊敬＝尊重、ためらい＝細心さ（scrupule）、留保＝遠慮（réserve）、あるいは、控えること（retenue）のうちで宙吊り状態にある沈黙した慎み深さ〕は、その一例にほかならない。一例とはいっても、ここで私たちにとっておおいに関心のある事柄にとっては、また、『哲学への寄与論稿』のなかで、この概念が「最後の神」、「別の神」、「到来する神ないし過ぎ去る神」との関連で演じている役割を考慮に入れるならば、確かに主要な例である。とりわけこの最後の主題について

反作用の法則に従いつつ）自己身体＝固有な身体へと、そして機械以前の生命体に最も近いところへと回帰する。いずれにせよ、自らの欲望と自らのファンタスムに最も近いところへと戻るのだ。人々が復讐するのは、脱固有化させる機械、非身体化させる機械に対抗して、なのだが、そのさいに頼みとするのは――つまり回帰するのは――、剝き出しの素手や、性器であり、ないしはごく単純な道具であって、しばしば簡素な刀剣類〔白い＝汚れていない武器（arme blanche）〕である。死者の数がもはや数え上げられることもないような「きれいな」戦争（都市全域に降り注ぐ遠隔操作の砲弾、「人工知能搭載の」ミサイル、などの戦闘）ではけっして使われることのない言葉である「殺戮」や「残虐行為」と呼ばれるものが行なわれ、それらはありとあらゆる種類の拷問や斬首、身体切断である。つねに問題となるのは、はっきりと宣言された復讐であり、よく性的な復讐として宣言されることが多い。たとえば、強姦、傷つけられた性器、あるいは切断された手、屍体の陳列であり、また切り取られた頭部を送りつけることである――少し前まで、フランスでは、槍の先にそれらの頭部を突き刺して運んだものだ（「自然宗教」におけるファロスの行列を思わせる）。それはたとえば、むろんあくまで一つの例にすぎないけれども、今日のアルジェリアで、イスラム教の名において起きていることである。このイスラム教とは、アルジェリアの交戦状態にある両勢力が、それぞれのやり方で、自己を正当化するため引き合いに出しているものだ。★33 それらはまた、ある種の反作用的＝反動的な、かつ

は、ジャン＝フランソワ・クルティーヌの最近の研究を参照されたい――« Les traces et le passage du Dieu dans les *Beiträge zur Philosophie* de Martin Heidegger », in Archivio di filosofia, 1994, n°1-3。ハイデガーは、「根こぎ」（Entwürzelung）、「脱神聖化」ないし「神去り＝脱神性化」（Entgötterung）、「脱魔術化」（Entzauberung）としての現代のニヒリズムについて執拗に強調するのだが、その点に注意を喚起するさいに、クルティーヌは、それを正当にも、ゲシュテル〔Gestell（現代技術の本質としての）立て集め、集-立〕について言われていること、また、「存在者を、技術的-道具的に操作することいっさい」（Machenschaft〔たくらみ〕）について語られていること――それも、暗々裏に、つねにそれに反対しつつ語られていること――に

また否定的＝陰性的な訴えかけを示す症候群であり、自己身体＝固有な身体が、脱固有化させる、そして非－ローカル化させる遠隔－技術科学に対抗して行なう復讐である。この遠隔－技術科学のほうは、実際には、市場の世界的性格や、軍事的－高度資本主義的な覇権といったものと同一視され、また世俗的かつ宗教的な二重の形態のもとにあるヨーロッパ的な民主主義モデルの世界ラテン化と同一視されている。それゆえ、次のような結びつきが生じることが予想される、すなわち狂信のもたらす、独断的教条主義や非合理主義的蒙昧主義のもたらす最悪の効果が、それでも、敵対する相手におけるさまざまな覇権と模範型《モデル》に対する周到な分析および批判の高度な尖鋭さと結びつくことが予想されるのだ――まさにこんな結びつきこそ、二重となっている起源の、ある別の形象であるのだが（いま述べた、この敵対する相手とは世界ラテン化であるが、これは自らの名を明かさない宗教であり、またつねにそうであるように、「普遍主義的な」顔をした自民族中心主義であって、さらには科学の、そして技術の市場でも、民主主義的な修辞《レトリック》でもあり、また、「人道主義的」戦略でも、平和維持軍〔peacekeeping force〕による「平和維持」の戦略でもある――だが、そこでは、ルワンダの死者たちとアメリカあるいはヨーロッパの死者たちが同じように数えられることはけっしてないだろう）。「宗教的な」暴力の、原始・古代風な過激化、一見したところ、よりいっそう野蛮な過激化において、「宗教」の名の下に主張されているのは、生き生きしている共同体を再び根づかせることであり、ま

結びつけている。クルティーヌはさらに、こうした操作・たくらみを、「主としてキリスト教に対抗してなされた、創造の観念に対する批判」（五二八頁）と結びつけている。これは、私たちが前の箇所で立てた仮説と同じ方向にあると思われる。すなわち、ハイデガーは、（とりわけキリスト教的－ローマ的な）「宗教」について、信仰について、疑念を表しており、また同時に、技術のなかにあって、健やかで無事なものを脅かし、無傷なもの、免疫をもつもの、聖なる－神聖なもの（heilig）を脅かすものについての疑念も喚起しているという仮説である。それこそ彼の「立場」が有する関心であるが、この立場については、かなり単純化すれば、以下のように言うことができるだろう――すなわち、彼の立場は、その傾向として、あたかも同じもの〔*le même*〕

た、そうした生ける共同体に、その手つかずのままの（無傷の、無事の、純粋な、本来の＝清潔な）場所、身体、固有語法を再び見出せるようにしてやることである。こうした過激化は死を撒き散らす、そして――あたかも、根こぎ状態を根絶するためであり、生命の、手つかずで、無事な聖性を再び自己所有化するためであるかのように――自分自身の身体の血を攻撃するという、絶望的な（自己－免疫的な）身振りのうちに、自己破壊を奔出させる。二重の根源、二重になった根こぎ、二重化している剔出《てきしゅつ》。

43

二重になった暴行《ヴィオル》。したがって、この新しい、未聞の残酷さは、宗教戦争でもある戦争において、最先端の技術科学的な計算可能性と、反作用的＝反動的な野蛮さとを結びつけるだろう。この反動的な野蛮さは、自己身体＝固有の身体を、そして性的な事象《もの》そのものを直接的に攻撃したいと望むだろう――ひとはそういう事象《もの》に暴行を加えたり、切断したりすることができるし、あるいは単純明快に否認したり、性的性格を剥奪したりすることもできるが――それは同じ暴力の別の形態である。「精神分析」を「無視した」ままで、今日、この二重になっている暴行について語ること、それほど愚かではなく、無教養でも世間知らずでもないような仕方でそれについて語ることは、いったい可能なことだろうか。精神分析を無視すること、それは無

から距離を取るかのように、宗教から、そして技術から、あるいはむしろ、ここでは Gestell および Machenschaft という名を冠せられているものから距離を取るのだ、と。同じもの［*le même*］、そうだ、ここでも私たちは、控え目に、また私たちなりの仕方で、そう言うことにしよう。そして同じもの［*le même*］は、ひとえに差異にのみ基づくさまざまな折り目のうちのどれ一つとして排除したり、抹消したりはしない。しかし、この同じ可能性［*cette même possibilité*］がひとたびそれとして認められ、考え出されると、この可能性がただたんに、ハイデガー的な「答え」のみを呼び出すのかどうか、このハイデガー的な「答え」がその同じ可能性と無関係であって、その外部にあるのかどうか、すなわち、私たちがここで扱おうとしている無傷なものの論理や、

数のやり方で生じうる。ときには、精神分析について並々ならぬ知をもちながら、しかし文化的＝教養的には他と遊離している場合にも起こりうる。今日、法《ドロワ》、道徳《モラル》、政治についての、また科学、哲学、神学などについての最も強力な言述へと精神分析を統合しない限り、精神分析を無視することになるのだ。こういう首尾一貫した統合を回避するやり方は、そこに制度として確立した精神分析の領界も含めて、数え切れないほどである。しかるに、「精神分析」は（私たちとしては、紙幅がないので、ますます急いで話さなければならないが）、西欧では退潮傾向にある。精神分析は、「古いヨーロッパ」の一部の国境をけっして踏み越えてはいないし、事実上、踏み越えたとは言えない。この「事実」は、当然のことながら、私たちがここで「宗教」という題目のもとに探究しているもろもろの現象、しるし、症候がそれぞれの場に割り当てられ、配された布置《コンフィギュラシオン》に属している。なんらかの無意識的なものの論理を作動させることなしに、いったいどのようにして、この「宗教的なものの回帰」を説明するために、新しい〈啓蒙《リュミエール》＝光明〉を主張することができようか。少なくとも、こうした無意識的なものの論理を作動させようと取り組むことなしに、そして根源悪の問いに、つまりフロイト思想の核心にある根源悪への反応＝反作用に関わる問いに取り組むことなしに？　もはやこのような問いが、次のような他のさまざまな問いと切り離されたままになることはありえない。すなわち、反復強迫、「死の欲動」、「物質的真実」と「歴史的真実」の差異といった問いである。こんな「物

自己－免疫的な補償作用の論理と無関係で、外的なものであるのかどうかは、疑わしいものになる。先の箇所で、また別のところで、この話に立ち戻ることにしよう。

★29　普遍〔universal〕という語は、古仏語（中世フランス語）に由来し、類語である universel とは少し別の仕方で生じた語であって、スコラ哲学の普遍概念 universaux の基になっている語である。この形は英語に残った。

☆27　言いかえれば、彼らは、西洋の諸文化において、産業的・工業的な利用や、犠牲の動物を屠り、処分するようなやり方での利用、「肉食－ファロス－ロゴス中心主義的な」利用のなかに至るまで、依然としてサクリファイス的であるものから、自分たちは免れて、穢されておらず純粋なままであると信じているのだ。この最後の概念につい

質的真実」と「歴史的真実」の差異という問いは、まさに、まず「宗教」に関して、フロイトにとって不可欠なものとして課せられた問いになったのであり、そしてそもそも最初には、終わることのない**ユダヤ人問題**に最も近い時と場において練り上げられたのだった。たしかに、精神分析の知もまた、証言的なもの《テスティモニアリテ》の新たな空間、証し立て《アテスタシオン》＝証明の新たな審級へと、また症候の、そして真実の新しい経験へと自らを開いていくことによって、信《フォワ》を根こぎにすること、かつまたそれとともに覚醒させることがありうる。この新しい空間もまた、法的かつ政治的であるにちがいないだろう――むろん、ただたんにそれだけではないとしても。この点には、またあとで立ち返らなければならない。

44

私たちはつねに、知と信を、技術的科学と宗教的信仰を、計算と聖なる《サクロ》－神聖なもの《サン》を、ともに併せて、だが別な仕方で、思考しようと試みている。絶え間なく、私たちは、これらの境域〔parages〕において、計算可能なものと計算不可能なものとの結合に――それが神聖なものなのか否かは別として――遭遇してきた。さらには、数え上げられないものと数《ノンブル》との、二項的＝二元的なものとの、また、数値化されるもの、デジタルなものとの結びつきに出会ってきた。しかるに、今日では、人口統計の計算こそ、地政学的なレヴェルでの「宗教問題」の有する諸

ては、*Points de suspension*, Paris, Galilée, 1992 に所収の « Il faut bien manger »〔邦訳、「正しく食べなければならない」、『主体の後に誰が来るのか？』所収、港道隆、鵜飼哲ほか訳、現代企画室、一九九六年〕を参照されたい。

☆28　これら二つの価値（sacer と sanctus）の結びつき《アソシアシオン》と分離《ディソシアシオン》＝結びつきの解消については、もっと先の箇所において、バンヴェニストとレヴィナスの見解を参照されたい。

★30　カントにおける尊厳（Würdigkeit）とは、道徳性と、これを所有する人格に与えられる絶対的価値の名称である。カントは『人倫の形而上学の基礎づけ』において、普遍的立法者としての理性的存在者の体系的結合を想定して、これを「目的の国」と名づけ、「目的の国においては、すべてのものは価値をもつか、あるいは尊厳をもつか

側面の、少なくとも一つの側面に深く関係するのである。ある宗教の未来について言えば、数の問いは、「諸民族」の生命・生活の〔害されていない〕無傷な状態におおいに関わるのだが、しかしそれと同じくらいもろもろの「人口集団《ポピュラシオン》」の量に対しても大きな影響を及ぼす。それが意味しているのは、ただたんに、宗教を考慮して計算に入れる必要があるというだけではなく、世界化の時代にあっては、信者を計算する様式を変えなければならないということである。「範例的」であるかどうかはわからないにせよ、**ユダヤ人問題**は、こうした人口学的‐宗教的な問題系を将来において練り上げるにあたって、依然としてかなり良い例（サンプル、見本、特殊な事例）としてとどまっている。実際に、こうしたさまざまな数の問いは、周知のとおり、聖書にも、もろもろの一神教にも、取り憑いている。「諸民族」は、**脱固有化させる**、そして**非‐ローカル化させる**遠隔‐技術科学に脅かされていると感じている場合には、新たな形態を取る侵入にも怖れを抱いているものだ。それらの諸民族は、異邦的な「人口集団」に恐怖を感じる、というのも、そうした「人口集団」の増加は、その現存——間接的な、ないしは潜在的な（また、それだけいっそう圧迫感を与える）現存——がそうであるのと同じ程度に、計算不可能であるからだ。したがって、さまざまな新たな計算様式が生じる。小さな「ユダヤ民族」が前代未聞の仕方で生き延びていること、そしてその宗教が世界じゅうに影響を及ぼしていること、これには複数の解釈が可能である。ユダヤ教は三つの一神教の唯一の源泉であって、これ

である。価格をもつものは他のあるものの等価物としておきかえることができる。これに反して、あらゆる価格を超えて等価物を許さないものは尊厳をもつ」と言う。ここで価格をもつものは物件であり、尊厳をもつものは人格である。もともと理性的存在者は、理性的であるというまさにその点において目的そのものであり、絶対的価値をもつ。これに対して、物件は傾向性の対象としては市価（市場価格）をもち、情意の単なる戯れの満足の対象としては感情価（感情価格）をもつ」（『カント事典』、三二三—三二四頁、参照）。

　関連して、『人倫の形而上学の基礎づけ』（深作守文訳、カント全集、第七巻、理想社、一九六五年）には、次のように記されている。「道徳性を通じてのみ理性的存在者は目的の国における立法的成員である

ら一神教はある一定の世界支配を分かち合っており、そしてこの民族の宗教は、少なくともその尊厳という点では、他の一神教と肩を並べているのだ。この宗教が、人口のうえで少ないという不均衡——他にいかなる例も見ないような不均衡——に対して抵抗してきたし、また同様に、どんな絶滅の企てに対しても抵抗してきたということ、このことにも多数の解釈が可能である。けれども、世界化が飽和状態に達するような日には（おそらく、その日はすでに到来していると思えるが）、この生き延びることはどうなってしまうのだろうか。そのときには、アメリカ英語で言われている「グローバリゼイション」のせいで、もはや人間の大地の表面に、あのもろもろの微気候〔ミクロな風土＝環境〕、さまざまなミクロゾーン（歴史的、文化的、政治的な微小地帯）を、小さなヨーロッパと中東を——そんな小さなヨーロッパと中東において、「ユダヤ民族」はこれまですでに、生き延びるため、また自らの信を証言するために夥しい苦難を経てきたのであったが——区分けして位置づけることはできなくなるだろう。レヴィナスは、「私はユダヤ教を、聖書に一つのコンテクストを与え、この書物を読解可能なものにしておく可能性として理解している」と言う。現実が世界化していき、そしてまた人口統計の計算が世界化していくことによって、そうした「コンテクスト」が生じる公算はかつてないほど低くなり、そして生き延びていくことにとっては、かつて起こった最悪事であった、あの「最終解決」という根源悪と同じくらい脅威になるのではないだろうか。レヴィナスはまた「神は

ことが可能である。したがって道徳性と、道徳的であることができるかぎりの人間性とは、それのみが尊厳をもつ当のものである。熟練とか労働者階級における勤勉とかは市場価格をもつ。才気（機知）とか活発な想像力とか諧謔とかは感情的価値をもつ。これに反して、約束における誠実さ、原則にもとづく（本能にもとづくのでない）好意は内的価値をもつのである。自然も、これとならんで人為も、このような誠実さ、好意などが欠けている場合、それらの代わりに立てられうる何ものも含んでいないのである。」（『人倫の形而上学の基礎づけ』、前掲書、八五頁）。

★31　prothèse（代行器官＝代行機器）は、ふつうは壊れた器官または切断された四肢の代用物、補綴であり、たとえば、脚の代行器官としての義肢のことであるが、デリダの用法におい

未来《アヴニール》である」とも言っている――それに対して、ハイデガーは、「最後の神」は、未来の不在そのもののなかに至るまでも予告されると語る。「最後の神：最後の神が本質活動するのは、合図のうちにおいてである。つまり、かつて本質活動していた神々およびその神々の秘め隠された変容態が到来したり、また同じく逃亡したりするのだが、これら到来と逃亡の、襲来および未出現のうちにおいてである」☆29★31。

この問いは、イスラエル国家とイスラエルの諸国民にとって、おそらくより重大で、かつより緊急のものであろう。だが、この問いは、あらゆるユダヤ人にも関係するのであり、それほど明白ではない形においてではあるが、おそらくは、世界のあらゆるキリスト教徒にも関係するのだ。ただし、現時点では、イスラム教徒たちにはまったく関係しない。これこそ、今日において、本来の三つの「大きな一神教」のあいだの根本的な差異である。

45

散乱《ディスペルシオン》＝離散が生じる、ある別の場所というのは、必ずしもつねに存在するわけではないのだろうか。ちょうど同じもの〔le même〕が信と知のあいだで分離されるのと同様に、源泉は、今日、どこにおいて分割されるのか。**脱固有化させ、非－ローカル化させる**遠隔－技術科学に対するオリジナルな反作用＝反応は、少なくとも、二つの形象に応えるものにちがいない。この二つ

ては、眼の代行機器としてのテレビ・カメラやテレビジョンなどがそれにあたる。

★32　カントは『実践理性批判』のなかで、モラル法則を導き、前面に立たせ、神聖なものとして重視するためには、「感性的な傾向にしか従わないもの、感性的動機の領界に属するものは犠牲《サクリファイス》にしなければならない」と書いている。デリダは、そのことを、『パッション』（湯浅博雄訳、未來社、三五―三六頁、三七頁）で指摘している。

たとえば、カントは次のように記している。「道徳的法則は神聖である。なるほど人間は十分に神聖なものではない。しかし彼の人格における人間性は彼にとって神聖でなければならない。全被造物のなかでわれわれが欲するすべてのもの、またわれわれがそれに打ち勝って事をするすべてのものは、それゆえに単に

の形象は、互いに重なりあい、互いを引き継ぎ、もしくは互いの代理となるのだが、そのさいに、実際には、自らの位置する場所そのものに、いくらかの量の代補性を生み出すにすぎない――つまり、〔無傷なものへと復元する仕方で〕補償しようとする、自己‐免疫的な代補性をいくらか生じさせるだけなのである。

（1）たしかに、さまざまな根の根源性からの引き剝がし（すでに引用したように、ハイデガーなら **Entwürzelung**〔根こぎ〕と言うだろう）、そして始源のピュシス（自然）のあらゆる形態からの引き剝がしが生起するのであり、また、聖なる、無傷の、「健やかで無事な（heilig）」、本来の生殖力（生み出す力）の元になっていると想定される、あらゆる資源からの――そうした資源には、民族のアイデンティティ、親子関係＝血縁、家族、ネーション、大地と血、固有名、固有のイディオム（特有言語）、固有の文化と記憶があるのだが、そういう資源からの――引き剝がしが生起するようになる。

（2）だがまた、同じ欲望なのだが、その欲望が反転したものである対抗的フェティシズム（対抗的な物神崇拝＝呪物崇拝）としての、遠隔‐技術科学的な機械に対する、アニミズム的な関係が、かつてないほど生じている。それゆえ、この機械はむろん悪の機械、また根源悪の機械となるのであり、したがって祓い清めるべきものであるのだが、それと同時におおいに操作すべき機械でもあるのだ。この機械は飼い馴らすべき悪であり、人々はますますさまざまな

手段としてのみ利用される。ただ人間だけが、彼とともにすべての理性的被造物がそれ自身における目的である」（『実践理性批判』、深作守文訳、カント全集、第七巻、理想社、一九六五年、二六一頁）。「その行為が必要欠くべからざる義務であって、その義務に違反することは、（略）道徳的法則の神聖さをいわば土足で踏みつけることである場合には（略）、あらゆるわれわれの傾向性のなかで最も熱烈なものに関して価値をもつであろういっさいのことを犠牲にしてさえ道徳的法則を遵奉することに対して、われわれは最も完全な尊敬を捧げるのである」（同書、三六三頁）。

★33　一九八九年、アルジェリアでは、アルジェリア民族解放戦線（FLN）の一党支配から複数政党制に移行する法案が成立し、一九九〇年六月に初の複数政党制による総選挙が実現

人工物《アルテファクト》＝技術的産物や代行器官《プロテーズ》＝代行機器を利用するようになっているのだが、しかしそれらについては完全に無知なので、知と、実際に操作する技量《サヴォワール・フェール》とのあいだの不均衡は増大する一方であって、そのために、こうした技術を経験する空間は、さらにいっそうアニミズム的、魔術的、神秘的な傾向を深めていく。そしてこういう機械のうちにつねに残存する亡霊的なものは、もしこう言ってよければ、そうした不均衡が拡大するにつれて、ますます**原始的で古代風なもの**となる傾向にある。その結果として、こんな機械を拒絶するということは、見かけ上における〔機械の〕自己所有＝固有化と同様に、ある宗教性のかたち、構造的であり、かつまた、広くはびこる宗教性というかたちを取ることもありうる。ある種のエコロジー的な考え方は、そうした性質を分かちもつ可能性がある。（だが、ここでは、こうした漠然としたエコロジーのイデオロギーと、ときにはきわめて厳密な専門的能力を備えたエコロジーの言述や政治とは区別しなければならない。）おそらく、人類の歴史において、科学的＝知的な意味あいでの非能力と操作能力とのあいだの不均衡がこれほど深刻になったためしはないと思える。日常的に使用され、確実に使いこなされる機械、その身近さはつねにより緊密になり、心のうちや家庭のうちにいっそう親しく入り込む機械、そうした機械について、こういう不均衡を測定することさえ、もはや不可能なのだ。一昨日の時点では、たしかに、兵士の全員が、自ら巧みに扱う術を心得ている火器がどのように動くのかをよく知っていたわけではなかった。昨日の時点で

した。この総選挙でイスラム救国戦線（ＦＩＳ）がＦＬＮに勝利したが、政府・軍はＦＩＳを「原理主義」政党とみなして選挙を無効とし、「民主主義」の名の下に非常事態宣言を布いた。一九九〇年代のアルジェリアはこの両者による泥沼の内戦に陥った。デリダ「アルジェリアにとっての／に対する様々な態度決定」（邦訳、『現代思想』、一九九五年六月号）を参照されたい。

☆29 *Beiträge zur Philosophie*,§256 : J-F. Courtine によるフランス語訳と引用、« Les traces et le passage de Dieu dans les *Beiträge zur Philosophie* de Martin Heidegger », loc. cit., p. 533. を参照のこと。未来《アヴニール》、ユダヤ教、ユダヤ性についてのある一定の問いに関しては、*Mal d'Archive*, Paris, Galilée, 1995, p. 109*sq* を参照されたい〔邦訳、『アーカイヴの病』、福

は、自動車の運転手や列車の乗客のすべてが、どのようにして「それが走る」のかを明確に知っていたわけではなかった。けれども、彼らがある程度まで無知であるとしても、そういう相対的な非能力はもはや、今日、人類の大半が機械と保っている関係とは、いかなる（量的な）共通尺度もないし、いかなる（質的な）類比性もないほどである——もちろん今日、ほとんどの人類は、そんな機械によって自分たちの生活を維持し、日々機械との親密さを深めるような生活を切望しているのだが。誰が自分の子どもに向かって、（海底ケーブルないし人工衛星を介した）電話や、テレビ、ファックス、コンピューター、電子メール、CD－ROM、ICカード、ジェット機、原子力エネルギーの供給、スキャナー、超音波検査、等々について、それらがどのように動くのかを、科学的に説明できるだろうか。

46

前に述べたとおり、**原始的で古代風なもの**の回帰という反応の仕方を、蒙昧主義的な教条主義にも結びつけ、また、極度に批判的な警戒心にも結びつけるのは、同じ宗教性にちがいないだろう。こういう宗教性はもろもろの機械を自己所有化しようと試みつつ、しかも、それらの機械と戦うのである——それらの機械は、歴史的伝統を破壊するはずの機械なのだから。それらの機械は、国民の市民権＝国籍に関わる伝統的構造をずらせて移動させかねないし、国家のさ

本修訳、法政大学出版局、二〇一〇年、一一二頁以下〕。

★34 「最後の神」に関連して、ハイデガーは『同一性と差異性』のなかで、「哲学者の神、すなわち自己原因としての神を放棄せざるをえない神なき思考のほうが、もしかすると神らしい神の近くにいるかもしれない」と書いている。すべての存在者の存在を基礎づけるような存在者として神を考える形而上学やキリスト教を遠ざけながら、ハイデガーは、存在の真理を起点として「最後の神」ないし「他なる神」の可能性を探っていると思われる。

☆30 前出の断章18（三六—三八頁）を参照のこ

まざまな境界を消すと同時に諸言語の固有性＝特性を抹消することもありえるだろう。それゆえ、宗教的な反作用（すなわち、拒絶することと同化すること、取り込み《アントロジェクシオン》＝内向投射と体内化《アンコルポラシオン》、不可能な補償作用＝無傷なものへと復元する作用と不可能な喪＝哀悼という反作用）にはつねに、外見上は正反対であるが、競合する、二つの道がある、すなわち標準的な二つのルートがある。しかし、両者の道はともに、あるひとつの「民主主義的な」伝統に対して同盟関係にあるとともに対立関係にもある。つまり、それは次のような〈あれか、これか〉である。すなわち、ナショナルな市民権＝国籍への熱烈な回帰であるか（あらゆる形態における〈我が家＝我が国〉に固執する愛国主義、国民－国家への愛着、ほとんどの場合〈教会〉に、もしくは宗教的礼拝の権威に結びついたナショナリズムの、ないしは自民族中心主義の覚醒）、あるいは、まったく反対に、コスモポリタン的な、もしくはエキュメニズム〔全キリスト教会の一致を目指す運動〕的な、普遍的な抗議、つまり、「あらゆる国のエコロジスト、ヒューマニスト、信者たち、遠隔－技術中心主義に反対するインターナショナルに結集して団結せよ！」という抗議であるか、そのいずれかである。そもそも、これが私たちの時代の特異性なのだが、ここで問題となるインターナショナルは、戦っている相手のネットワークを使用し、敵対者の手段を用いることでしか、展開できないのだ。同じ速度で、実際には同じものである敵対者に対抗するのである。二つと化している同じもの――それはつまり、同時代的なもの＝同時間的なも

と。一九二一年八月十九日付のレーヴィット宛のこの手紙は、フランス語では、次のような最近のテクストに引用されている。J. Barash, *Heidegger et son siècle*, Paris, PUF, 1995, p. 80, note 3; Françoise Dastur, « Heidegger et la théologie », in *Revue philosophique de Louvain*, mai-août 1994, n° 2-3, p. 229. この後者〔フランソワーズ・ダステュール〕の論文は、すでに引用したジャン＝フランソワ・クルティーヌの論文とともに、この主題に関して最近発表されたものとしては、最も明快で、豊かなものに入ると私には思われる。

☆31　これらの問いについては、もう一度、前出の論考「いかに語らないでいられるか」を参照するようお願いする〔前記の☆3を見ていただきたい〕。同時に神学〔théologie〕とも宗教とも区別される théiologie〔神的なものに関

のと呼ばれているものだが、まさにそのばらばらな分裂＝解体（脱－場所化）《ディスロカシオン》という、明白な時間錯綜性〔anachronie〕において、同時代的＝同時間的なものと呼ばれているのである。自己－免疫的な補償作用＝無傷なものへと復元する作用〔indemnisation auto-immune〕である。だからこそ、これらの「同時代的な」運動は、救済《サリュ》（聖なる－神聖なもの〔を求めるの〕と同じように、健やかで無事なもの）を求め、また、健康《サンテ》も探し求めるのであるが、それは、遠隔－技術科学的なものと宗教の二つの源《スーシュ》（一方で、害されていない無傷なもの、**heilig, holy** なもの、他方で、信ないし信仰、信託＝信用に基づくもの）のあいだで新たな同盟が結ばれるというパラドクスのなかにおいて、探求しなければならないのだ。その恰好の例は「人道主義的なもの」に見られるであろう。「平和維持軍」もまた、そうである。

47

もしひとが、西欧においてラテン語で《religion》と名づけられているものの、こう言ってよければ、二つの「論理《ロジック》」のおのおのをめぐる**二つの**源泉の公理〔axiome、理論の前提となる自明の命題〕を、あるいは、そう名づけられているものの、二つの区別された「資源《ルスルス》」の公理を、節約した《エコノミック》やり方で定式化しようと試みるとすれば、ひとは何を銘記しておくべきだろうか。まず二つの源泉という仮説を思い起こしておこう。つまり、一方には、信頼＝信用〔confiance〕、信頼性

する論〕の主題であると思われる、神的なものの神的性格＝神性については、また、theion〔神的なもの〕については、それが含む意味の多様性を見落としてはならない。すでにプラトンにおいて、またより厳密には『ティマイオス』においてそうである。そのなかでは、少なくとも四つの神的なものの概念が数え上げられるだろう（この点に関しては、以下の優れた著作を参照されたい——Serge Margel, *Le Tombeau du dieu artisan*, Paris, Ed. du Minuit,1995)。実のところを言えば、こうした多様性があるからといって、単一性を志向する先行的理解へと、また、このように同じ語で呼ばれる事柄の意味の地平へと、ひとが屈従するのを制止するわけではなく、それどころか逆にそう命じているのだが。たとえ、結局のところは、そうした地平そのものを断念し

〔fiabilité〕ないし信用＝信にのみ基づくもの〔fiance〕（信仰、信、信用《クレディ》など）における、信託的なものであること（fiduciar-ité）があり、他方には、無傷なもの《アンデムヌ》（健やかで無事なもの、免疫をもつもの、神聖なもの、聖なるもの、heilig, holy）における、害されておらず無傷－であること（indemn-ité）がある。おそらく必要なのはまず、少なくとも以下のことを確認しておくことだろう。すなわち、これらの公理のどちらもが、それ自体として、すでに他方を反映し、前提にしているということだ。公理〔axiome、語源的に言えば、「価値があるとみなす」こと〕は、その名が示すとおり、つねにひとつの価値、値打ち＝価格を肯定する。つまり、公理はひとつの評価を確認するのであり、あるいは約束するのである。そしてその評価は、手つかずのままにとどまるものとされ、あらゆる価値と同じように、ひとつの信の行為を必ず生み出すとされる。次に、二つの公理のおのおのは、ひとつの宗教のようななにものかを可能にする――ただし、必然的なものとするわけではないのだが。言いかえれば、ある一定の歴史的な社会集団《ソシウス》（教会、聖職者、社会的に正当性をもつ権威、民族＝民衆、固有言語の共有、同じ信を誓約し、同じ歴史を正しいものとして認める信者たちの共同体）と切り離すことのできない、ある特定の信仰箇条や教義を制度として備えた組織《アパレイユ》を――必然的にはしないが――可能なものとする。しかるに、しかじかの宗教の（普遍的な構造としての）可能性が開かれることと、その（しかじかという）宗教の特定の必然性とのあいだには、やはりつねに隔たりが還元不可能なものとして残るだろ

なければならないとしても、そうなのである。

☆32 « Der Spruch des Anaximander », in *Holzwege*, Klostermann, 1950, p. 343; trad. française W. Brokmeier, « La parole d'Anaximandre », in *Chemins qui ne mènent nulle part*, Paris, Gallimard, 1962, p. 303.（「アナクシマンドロスの箴言」、ハイデッガー全集第5巻、『杣径』所収、茅野良男、ハンス・ブロッカルト訳、創文社、一九八八年、四一九頁）。

★35 思惟の敬虔さについて、ハイデガーは次のように言及している。「われわれが危険に近づけば近づくほど、それだけ救うものへの道は明るく光りはじめ、それだけいっそうわれわれはよく問うようになる。というのは、問うことは思索の敬虔さ（Frömmigkeit）なのだから」（ハイデガー『技術への問い』、関口浩訳、平凡

う。また、ときには、それぞれの宗教の内部において、一方で、その宗教をそれ固有の、かつ「純粋な」可能性に最も近いところに保っておくものと、他方で、歴史によって規定された、その宗教固有のさまざまな必然性や権威とのあいだの隔たりも、無くすことのできないものとなろう。まさにそういうわけで、〔その宗教の〕最も始原的な可能性の名において、しかじかというかたちの神聖さや信仰を、さらには宗教的権威を、批判し、拒絶し、闘いを仕掛けることがつねにできるだろう。この最も始原的な可能性はおそらく、普遍的なものであるかもしれない（つまり、証言の条件、社会的な絆の条件としての、さらにはまた最も根本的な問いかけの条件としての、信、信頼性、「誠実さ」である）。あるいは、すでに個別的で、特殊なものであるかもしれない。たとえば、啓示の、約束の、あるいは厳命の、これこれという原初の出来事に対する信仰がそうである。そういう信仰は、〔モーセの〕律法の石板や原始キリスト教に準拠したり、また、聖職者の言述《ディスクール》とか神学的な言述などよりもっと始原的で、もっと純粋な、なんらかの根本的な言葉《パロール》や書き記されたもの《エクリチュール》に準拠したりするさいに見られるものだ。とはいえ、可能性そのものを否認することは不可能なことだと思われる――というのも、派生した、二次的な必然性（権威とか、もしくはある特定の信仰）は、この可能性の名において、この可能性のおかげで、問い質され、あるいは問いに付され、宙吊りにされ、拒絶されたり、批判されたりするのであり、さらには脱構築されることになると思われるからである。ひとはこの可能性を

社、二〇〇九年、六〇頁）。同じ『技術への問い』においては、敬虔な（fromm）について次のような使用例がある。「西洋的命運のはじめ、ギリシアで諸芸術は、それらに叶えられるかぎりの開蔵（Entbergen、露わな発《ひら》き）の最高の高みに登りつめた。諸芸術は神々の臨在を、神的な命運と人間的な命運との対話（Zwiesprache）として輝きへともたらした。そして諸芸術はたんにテクネーと呼ばれた。それは、唯一にして多様な開蔵であった。それは敬虔で（fromm）、プロモス、すなわち真理の支配とその保護とに対して従順（fügsam）であった。」（同書、五七頁）

さらに、ハイデガーは「問うことは思索の敬虔さ（Frömmigkeit）なのだ」という箇所について、『言葉の本質』において、こう語っている。『技術への問い』と題する講演の末尾

否認する〔dénier〕ことができない——それはどういう意味かと言えば、ひとはせいぜいのところこの可能性を〔そうと受け入れながら〕否認することしかできない、ということである。実際、ひとがこの可能性に対抗する言述《ディスクール》を対置しようとしても、そんな言述はつねにあの〔フロイトが指摘した〕〈否定《デネガシオン》〉の文彩《フィギュール》に、あるいは論理に〔抗しきれず〕屈服してしまうだろう。そのような場所があるとすれば、まさしくそんな場所こそ、世界の啓蒙＝光明化の以前であれ以後であれ、理性、批判、学問＝科学、遠隔－技術科学、哲学、**思惟**《パンセ》一般が、宗教一般と同じ資源《ルスルス》を保持しているような場所であろう。

48

この最後の命題、なかでも特に**思惟**（**思索**、**思想**）に関する事柄については、少なくとも、原則に関わるいくつかの詳細な説明が求められる。ここでは、多くの必要な展開に時間を割くことはできないし、もしくは、世界の啓蒙＝光明化の以前であれまた以後であれ、宗教に対して、またどんな信《フォワ》に対しても、批判的理性、知、技術、哲学、思惟が独立している、と信じてきた人々を数多く参照することも——そのほうがむしろ容易であろうが——できない。それではなぜハイデガーの例を特別扱いするのだろうか。それは、彼の極端さのためであり、彼が、この時代において、ある一定の「極端さ」について述べていることのためである。前に指

で、比較的最近なのですが、『つまり、問うことは思索の敬虔さ（Frömmigkeit 誠実に行なうべきこと）なのだから』と私は述べておきました。敬虔な（fromm まさに然るべき）というのは、この語の古い意味で用いられています。まさにあるべきという意味で、ここでは、思索活動が思索すべきはずのものに付き従うという意味なのです。（略）思索が本来なすべき振舞いとは、問うことではありえず、語りかけを聴くことでなくてはならない。そしてこの語りかけとは思索が本質を追って尋ねようとするとき、はじめて、問いかけが、問うようになるものからの呼びかけとなる、という事態なのです。（略）われわれは、言葉をその本質に則して問い尋ねようとしているわけですが、なによりもまず、われわれに言葉そのものが語りかけてくることが必要

摘したことがあるように、ハイデガーは、一九二一年に、レーヴィット宛の書簡のなかで、「私はひとりの『キリスト教神学者である』」[☆30]と書いている。この言明の解釈には、膨大な手続きを踏まなければならないし、またこの言明がたんなる信仰告白にあたるということはけっしてない。だがこの言明は、以下のようなもう一つの確実なことと矛盾するわけではなく、この確実さを廃棄もしないし、禁止もしないのだ。すなわち、ハイデガーは、かなり早い時期に、しかも数回にわたって、哲学はその原理そのものにおいて「無神論的」であり、哲学という観念は信にとっては「狂気」であって（その逆も、少なくとも、想定されているが）、さらにはまた、キリスト教哲学という観念は、「四角い円」と同じくらい不条理なのだ、と言っているのだが、それだけではなかった。彼はただたんに、宗教についての哲学を、その可能性に至るまで、排除しただけではなかった。彼はまた、神的なものに関する論〔théiologie〕――神的《ディヴァン》なものの神性についての言述[☆31]――と哲学とのあいだではないにしても、神学――信についての実証的学問――と哲学とのあいだに、根本的な分離があると主張しただけではなかったし、ただたんに、あらゆる形式の存在神学的なものの「破壊《デストルクチオン》」を試みただけでもなかったのだ。それのみならず、彼はまた、一九五三年には、「信仰《クロワイヤンス》〔あるいは信〕は思索〔思惟〕のなかにいかなる場ももたない〔Der Glaube hat im Denken keinen Platz〕」[☆32]と言っているのである。この断固たる言明のコンテクストはおそらく、かなり特殊かもしれない。Glaube という語がここで関係するの

なのです。この場合には、言葉の本質とは、言葉の本質からの語りかけ、すなわち、本質の語る言葉（Sprache des Wesens）ということになります」（ハイデガー「言葉の本質」、ハイデッガー全集、第12巻、亀山健吉、ヘルムート・グロス訳、創文社、『言葉への途上』所収、二一〇―二一一頁）。

☆33　これらの点については――ここで議論を展開することはできないので――次の書物を参照されたい。*De l'esprit, Heidegger et la question*, Paris, Galilée, 1987, p. 147*sq.*（『精神について　ハイデッガーと問い』、港道隆訳、人文書院、一九九〇年、一五二頁以下）。さらにまた、上記の Françoise Dastur, « Heidegger et la théologie», *loc. cit.*, p. 233, note 21 も参照のこと。

★36　ハイデッガー「言葉の本質」を参照のこと。ハイデッガー全集、第12

は、第一には、信仰の一つの形態であり、信じやすい軽信ないし権威への盲目的な同意だと思われる。このとき、実際に問題になるのは、Spruchという語（箴言、格言、判決、決断、詩、つまり、いずれにせよ、理論的、科学的な言表へと、さらには哲学的な言表へと還元されるままになることはない言葉、そして特異な仕方、かつ遂行《ペルフォルマティフ》的な仕方で、なにがしかの言語的なもの〔de la langue〕に結びつく言葉）の翻訳である。現前（Anwesen、Präsenz）に関わる一節、そしてさらに、表象することという再現前化〔再現在化〕における〔in der Repräsentation des Vorstellens〕現前に関する一節のなかで、ハイデガーはこう書いている。「私たちはこの翻訳を学的に証明する（beweisen）ことはできないし、またなんらかの権威を当てにするやり方で、この翻訳をただ信仰する〔信じる〕（glauben）ことも許されない。〔学的な〕証明の射程は短すぎる。信仰は思索（考えること）のなかにいかなる場ももたない〔Der Glaube hat im Denken keinen Platz〕」。こうしてハイデガーは両方の考えをともに追い払う。すなわち、学的な証明も（こういう言い方から理解できる範囲において、彼は、学的ではない証言＝証明には信を置いている、とも受け取れる）、信じるということも追い払うのだ——後者は、ここでは、盲信さながら正統的なものを信頼することであって、目を瞑ったまま、独断的に権威（Autorität）を信用し同意を与える。たしかにそのとおりであり、誰が異論を唱えるだろうか。いったい誰が、思惟＝思索を、こうした同意と混同しようと思うだろうか。だがしかし、ハイデガーはそれでも、力強く徹底的なやり方で、信じること一般は思

巻、亀山健吉、ヘルムート・グロス訳、創文社、『言葉への途上』所収、一八九—二六三頁。

★37 Bezeugungは「証言すること」、「証明すること」、「表明すること」を意味する。なお、zeugenは、（1）「創造する」、「生み出す」、（2）「証言する」、「証人となる」、「証し立てる」、という二系統の意味があり、またZeugeは「証人」、「目撃者」、「立会人」を意味する。ハイデガー『存在と時間』（原佑・渡辺二郎訳、中央公論社、一九八〇年）の第五十四節から、引用する。「求められているのは、その実存的可能性という点で現存在《ダーザイン》自身によって証しされているような、現存在のそうしたなんらかの本来的な存在しうることである。あらかじめ見いだされていなければならないのは、この証し自身なのである。この証しが、現存在に、現存

索すること一般の経験あるいは行為のなかにはいかなる場ももたないという主張を展開する。まさにこの箇所で、私たちは彼の話についていくことにいささかの困難を覚えるかもしれない。まず彼自身のたどる道程において、そうである。たとえ、さまざまな様態や水準、コンテクストを混同する危険を回避したとしても——むろん、できるだけ厳密にそうすることが重要なのであるが——、それでもやはり、信（Glaube）一般と、ハイデガーがZusage（「一致＝和合、受諾＝同意、信用・信頼に基づくもの〔fiance〕」）の名のもとに指し示しているものとを切り離すことは難しいように思える——このZusageの名のもとに、彼は、思惟の有する最も還元不可能なもの、さらには最も根源的なものを指し示しているのだ。★35 そしてこんなZusage（という、思惟の有する最も根源的なもの）は、思惟の敬虔さ（Frömmigkeit）を構成するものと彼が述べているあの問うこと〔questionnement〕にさえも先行するのである。周知のように、この最後の断言を改めて問いに付すことをしないまま、彼はその後、この断言に対して一つの詳しい説明を加えた。この詳述によって、Zusageは思惟の最も固有＝本来の運動とされ、また結局のところ（ハイデガーはこのような形で述べてはいないが）、それがなくては問い自体が生じることのないほどのものとなったのだ。☆33 あらゆる「問い」に先行する、それゆえ、あらゆる知、あらゆる哲学、等々に先行する、このような一種の信への復帰命令、Zusageという信頼にのみ基づくもの〔fiance〕への復帰命令は、おそらく、かなりあとになって（一九五七年）★36 きわめて衝撃的な形で定式化《フォルミュール》されている。

在の可能的な本来的実存という点で現存在自身を『了解するようほのめかす』べきものであるかぎり、この証しは、現存在の存在のうちにその根をもつことになるであろう。だから、そのような証しの現象学的提示は、この証しの根源が現存在の存在機構から証示されるということを、それ自身のうちに含んでいるのである」（『存在と時間』、前掲書、第五十四節、四三四頁）。なお、次の註で扱うべき「良心」、「責めある存在」について、それが「証し」に関わるので、少し先回りして次の一節を引用しておく。「呼び声は、現存在の最も根源的な存在しうることを責めある存在として開示するのである。したがって良心は、現存在の存在に属する一つの証し（Bezeugung）としてあらわになるのだが、この証しのうちで良心は、現存在をその最も固有な存在しうるこ

その定式化がとる形（ハイデガーにおいては稀なものであり、それゆえ頻繁に人々の関心を惹く）は、自己批判や悔恨の念の形式ではなく、洗練すべき、精密化すべき表明の仕方《フォルミュラシオン》、あるいはむしろ、いわば、別のやり方で改めて開始すべき表明の仕方への回帰という形なのである。けれども、この身振りはそう見えるほどには新しくも特異でもない。おそらく、別の場所で私たちもそれを示そうと試みるだろうが（それにはより多くの時間とスペースが必要になるだろう）、この身振りは以下のすべてと整合的で一貫している。つまり、実存論的分析論から存在の思惟および存在の真理の思惟に至るまで、私たちが（残念ながら、ラテン語で、また、ハイデガーにとっては、あまりにもローマ的なやり方で）ある一定の証言における聖性〔sacralité testimoniale〕と呼ぶもの、あえて言えば、誓約された信〔foi jurée〕とも名づけることになるものを、絶え間なく再肯定するすべてのものと、整合的であり、首尾一貫しているのである。こういう再肯定は連続しており、ハイデガーの著作全体を横断している。それは、『存在と時間』における証言＝証し立て〔Bezeugung〕[★37]という決定的な、だが一般にはあまり注目されないモチーフに宿っており、また、それとともに、このモチーフと分離しえず、それに依存しているさまざまなモチーフにも宿っている。このさまざまなモチーフとはすなわち、あらゆる実存論的なもの〔existentiaux、実存範疇〕[★38]であり、より具体的に言えば、良心〔Gewissen〕、責任＝応答あるいは原初的な罪責性〔Schuldigsein〕そしてEntschlossenheit〔断固たる決意性〕[★39]である。これらの概念すべてには、すぐ

との前へと呼ぶのである」（同書、第五十八節、四六四頁）

★38　罪責性、責めある存在（Schuldigsein）について、こう言われている。「呼び声の意味が判然となるのは、実行とか不履行とかによって『生じた』罪過という意味での責め（Schuld）の派生的概念を基礎に置く代わりに、その了解内容が責めある存在（Schuldigsein）の実存論的意味に頼っているときである。このことを要求するのは、良心の呼び声が、現存在自身のなかからやってきつつ、ただただこの存在者に向けられているかぎり、勝手気ままなことではない。だが、そうだとすれば、責めある存在への呼び開きは、私がそのつどすでに現存在としてそれである存在しうることをめがけて呼び進めることを意味する。現存在というこの存在者は、違反とか不履行によ

にそれとわかるキリスト教の伝統が存在論の観点から反復されているが、こうした反復という大きな問いに、私たちはここで、新たなスペースをさいて踏み込むことはできない。したがって、私たちとしては読解の原則を一つ提示することで満足しておこう。本来的な証言〔Bezeugung〕の経験やそれに依存するすべてのものと同じように、『存在と時間』の出発点は、人々が信と呼ぶものと根本的に疎遠ではありえない状況のなかに場をもつ。それはむろん宗教ではなく、神学でもない。そうではなく、ある一つの言語《ラング》という、また、ある一つの「私たち」という、すでに共同の経験のなかで、あらゆる問いの手前で、あるいは問いを超えた彼方で、信のうちにおいて受諾する＝同意する〔acquiescer〕もののことなのだ。『存在と時間』の読者と、その署名者——つまり、そういう読者に証人になるよう求める署名者——は、ハイデガーが「私たち」と言うときに、すでにこの信の領域《エレマン》のなかにいる。ハイデガーは、Dasein〔現存在〕という「範例的な」存在者の選択を正当化するために、「私たち」と言うのだが、このDaseinという、問いを発する存在《ひと》はまた、範例的な証言者として問い質されねばならない。そしてこの「私たち」にとって、あらゆる問いに先行して、存在の問いの措定と練成を可能にするもの、すなわち、その「形式的構造」(das Gefragte〔問われているもの〕、das Erfragte〔問い質されているもの＝問いもとめられるもの〕、das Befragte〔問いかけられているもの〕)★40 の解明と規定を可能にするもの、それは、そのときハイデガーが Faktum〔事実〕と呼んでいるものではないだろうか。つまり、存在の意

ってはじめておのれになんらかの『責め』を背負いこむ必要はないのであって、現存在は、ただ『責めあり(schuldig)』——そのようなものとして現存在は存在しているのだが——で本来的にあるべきである。そうだとすれば、呼びかけを正しく聞くことは、おのれの最も固有な存在しうることにおける自己了解と、いいかえれば、最も固有な本来的な責めあるものになりうることをめがける自己企投と、同じことになる。」(『存在と時間』、前掲書、第五十八節、四六二—四六三頁)

★39　決意性(Entschlossenheit)については、こう書かれている。「良心は〈何ものか〉を了解するようにほのめかす、つまり、良心は開示するのである。(略)良心の呼び声には、ある可能的な聞くことが対応している。呼びかけの了解は、良心をもとうと意志

味についての予備的な理解であり、なによりもまず、言語活動《ランガージュ》の、もしくは一つの言語《ラング》のなかの«est»〔三人称単数現在形の「存在する＝ある」〕ないし«être»〔名詞の「存在」、動詞不定形の「存在する＝ある」〕[★41]という語の意味についての、漠然とした、通念的な予備的理解ではないだろうか（第二節、参照）。このFaktum は、経験《アンピリック》（論）的な事実ではない。ハイデガーがこの語を使用するとき、そのつど私たちは、受諾＝同意〔acquiescement〕がぜひとも必要なものと求められるある領域《ゾーン》へと必然的に連れ戻される。定式化されていようとなかろうと、それは、あらゆる可能な問いに先行して、またそんな問いに向けて、ということは、したがって、あらゆる哲学、あらゆる神学、あらゆる科学＝学問、あらゆる批判、あらゆる理性などに先行して、絶えず必要なものとされ続ける。この領域は、ひとつの信の領域であって、つまり、私たちがすでに引用した概念（Bezeugung、Zusage など）をはじめとする、開かれた、一連の諸概念を通じてつねに再肯定される信の領域なのだ。しかしこの領域はまた、ハイデガーの思惟の道程においては、次のものを際立たせるものすべてへと開かれている――すなわち、慎み控えること〔Verhaltenheit〕という慎重な停止を、あるいは、無傷なもの、聖なるもの、健やかで無事なもの〔das Heilige〕の傍らでの、遠慮＝恥じらい〔Scheu〕のうちへの滞在〔Aufenthalt〕を際立たせるものへと開かれており、さらにまた、人間にはおそらく受け容れる準備がまだできていない最後の神の通過や到来を際立たせるものに開かれているのである。[☆34] こうした信に固有な運動が一つの宗教を形成するのではないこと、

することとして露呈する。だが、良心をもとうと意志することという現象のうちに、自己存在というものの選択を実存的に選択するという、求められていた当のものがひそんでいるのであった。これを、われわれはその実存論的構造に応じて決意性と名づけるのである」（『存在と時間』、前掲書、第五十四節、四三七頁）。「決意性は、あえておのれに不安を要求しつつ、黙秘したまま、最も固有な責めある存在をめがけておのれを企投することだとされた。（略）決意性は、死へとかかわる本来的存在を、おのれの固有な本来性の可能的な実存的様態性として、おのれのうちに蔵しているのである。（略）責めある存在は、現存在自身の存在に属している（略）。「責めあり」ということは、そのときどきの現事実的な存在しうるということにおいてのみ、そのつど存在す

そのことは明白すぎるほど明白だ。この運動は、あらゆる宗教性から免れた――無傷な――ものなのだろうか。おそらくはそうだ。しかし、それはあらゆる「信仰＝信《クロワイヤンス》」を、すなわち「思惟のなかにいかなる場も」もたないような、あの「信仰＝信」を免れているものなのだろうか。この点は、それほど確かではないと思われる。「信じる《クロワール》とは何であるのか」という重要な問いが、私たちから見て、依然としてまったく新しい形のもとに残り、留まっている以上、ひとは次のように問うことになるだろう（別の場所において、であるが）。つまり、どのようにして、またなにゆえハイデガーは、一方で、「宗教的なもの」――私たちはさきほど図式的に、そのいくつかの指標（事実〔Faktum〕、証言〔Bezeugung〕、受諾＝信頼〔Zusage〕、慎み控えること〔Verhaltenheit〕、健やかで無事なもの〔Heilige〕など）を挙げたのだが――の可能性の一つを肯定するとともに、他方で同時に、激しく「信仰」ないし「信」〔Glaube〕を拒絶することができるのだろうか、と。☆35 私たちの仮説はさらに、前に区別しておいた宗教の二つの源泉《スルス》ないし根元《スーシュ》へと送り返される。つまり、聖性の経験と信仰の経験である。第一の経験（そのギリシア－ヘルダーリン的な、あるいは原始キリスト教的な伝統のうちにある）に対してより好意を示すことで、ハイデガーは第二の経験にはよりいっそう大きな抵抗を示しただろうと思える。ハイデガーはつねに第二の経験を、さまざまな形象へと還元し、それらの形象の一つ一つを、「破壊」するとか、糾弾するとまでは言わないにしても、問いに付すことを止めなかった。たとえば、権威

る。（略）決意性は、こうした存在しうることをめがけておのれを企投するのである。（略）おのれの存在しうることへとかかわる現存在の根源的な存在を、われわれは、死へとかかわる存在として（略）露呈しておいた。先駆という（略）こうした可能性を可能性として開示するのである。だからこそ決意性は、先駆的決意性としてはじめて、現存在の最も固有な存在しうることへとかかわる根源的な存在となる」（同書、第六十二節、四八七―四八八頁）。

★40　「問うこと」、「問われているもの」、「問いかけられているもの」、「問いたしかめられるもの（問いもとめられているもの）」については、『存在と時間』のなかで、次のように言われている。「問うことはいずれも一つの探究である。あらゆる探究は、探究されているもののほうから先行

に対する教条的な、もしくは軽信的な信仰はむろんであるが、〈聖書《リーブル》〉の諸宗教に則した信仰や存在神学による信仰、またとりわけ、他者への信＝信頼《クロワイヤンス》のうちで、必然的に他我〔alter ego〕の自我論的な主観性に訴えかけ、助力を仰ぐように彼には思われたもの（私たちからすればそれは誤りなのだが）――それらを問い直すことを止めなかった。私たちがここで語っているのは、次のようなものへの忠実な信＝信頼であり、どうしても必要なものと求められる信＝信頼である。まったく他なるものである他者〔l'autre tout autre〕から到来して、つまり、まったく他なるものである他者を、その生身の本人として、根源から現前化させることが永久に不可能であると思われるところ（およそありうる限り最も基本的で、これ以上還元しえない意味における、与えられた**証言**もしくは約束〔parole donnée〕、偽りの誓い《パルジュール》のなかにさえも含まれている真実の約束）から到来して、Mitsein〔共存在〕の条件をなすもの、また、他なる人〔autrui〕との関係一般の、他なる人への呼びかけ一般の条件をなすものへの忠実な信＝信頼なのである。

49

〔証言という〕この語ないしこの概念を規定している文化、意味論、法の歴史――それらは、そもそも絡み合っているが――を超えたところで、**証言**の経験は、これらの二つの源泉が交わる、一つの合流地点を位置づける。二源泉とはすなわち、無傷なもの、（害されず無事なもの、聖な

的にその方向を定められている。問うことは存在者が存在している事実と存在している状態において、その存在者を認識しつつ探究することである。認識しつつ探究することは『根本的に探究すること』になりうるが、この根本的探究とはその問いが向けられている当のものから邪魔物を取り払いつつ、その当のものを規定することにほかならない。問うことは何かを問いたずねることであるのだから、その問いにおいて問われているもの（Gefragte）をもっているわけである。何かを問いたずねることはすべて、なんらかの仕方で、何かを手掛かりに問い合わせることである。問うことには、問われているもののほか、問いかけられているもの（Befragte）が属している。根本的に探究する問い、いいかえれば、とくに理論的な問いにおいては、問われているものは規

るもの、あるいは神聖なもの）であり、また、信用＝信頼に基づくもの（信頼性、忠実さ、信用＝信託、信仰ないし信、「不誠実〔mauvaise foi〕」のなかにさえも前提とされ含まれる誠意〔bonne foi〕である。ここで私たちは、これら二つの源泉というものを、まさにそれらが出会う、さまざまな遭遇のうちの一つにおいて、語っている。というのも、すでに確認したように、二つの源泉の形象は夥しく増殖し、もはや計算できないほどであり、そしておそらくそこにこそ私たちが問いかけを行なう、もう一つの必然性があると思われるからだ。証言においては、真実は、あらゆる証拠や知覚を超え、あらゆる直観的な明示《モンストラシオン》を超えて約束される。たとえ私が嘘をついたり、偽りの誓いをしたりするとしても（そして私がそうするときにはつねに、またとりわけ）、私は真実を約束しているのであり、そして他者に向かって、私がそうであるところの他者を信じるように要求しているのだ——すなわち、そのことを証言できるのが唯一私のみであるところで、また、証拠あるいは直観という次元が、あの基本的な信頼《フィデュシアリテ》にのみ基づくものへと、さらには約束された、もしくは必要なものとして求められた「誠意」へと縮減されたり、同質化されたりすることはけっしてないようなところで、私は他者に向かって、私がそうである他者を信じるよう求めているのである。たしかに、そのように約束され、求められている「誠意」は、あらゆる反復可能性《イテラビリテ》を、あらゆる技術《テクニック》を免れているわけではけっしてなく、それゆえあらゆる**計算可能性**を免れているのではない。というのも、この

定されて概念へともたらされるべきである。そうだとすれば、問われているもののうちには本来的に志向されるものとして問いたしかめられるもの（Erfragte 問いもとめられているもの）がひそんでいて、このものに達したときに、問うことはその目的を果たすわけである。問うこと自身は、ある存在者が、つまり問う者がとる態度として、存在のある固有の性格をもっている」（『存在と時間』、前掲書、第二節、七〇頁）。

★41 「存在する＝ある」（三人称単数現在形）という語については、次のように言われている。「探究することとしては、問うことは、探究されているもののほうから先行的に導かれる必要がある。だから、存在の意味はすでにある種の仕方においてわれわれの意のままになるものでなければならない。われわれはつねにすでになんらかの存在了

誠意はまた、最初の瞬間から早くも、反復を約束するからだ。それは、他者への呼びかけすべてのなかに参加し、関わり合っている。最初の瞬間からもう、こうした誠意は他者への呼びかけと同じ外延をもっており、そしてそのようにして誠意は、あらゆる「社会的な絆」を条件づけるのであり、つまりは、あらゆる問いかけ、あらゆる知、あらゆる遂行性《ペルフォルマティヴィテ》、あらゆる遠隔‐技術科学的な高性能の達成《ペルフォルマンス》を――その最も総合的な形態、つまり人工的、代行器官・代行機器的な、また計算可能な諸形態において――条件づけている。証し立て《アテスタシオン》＝証言が要請する信の行為〔acte de foi〕は、構造上、あらゆる直観、あらゆる証拠、あらゆる知を超えた彼方へと導いていく（「私は自分が真実を言っていると誓う、必ずしも「客観的真実」ではないにしても、私が真実であると信じている事柄についての真実だ。私はきみにそんな真実を言うので、私を信じてほしい、私が信じていることを信じてほしい――つまり、私がきみに語りかけているこの場――取り替えのきかない、とはいえ普遍化可能な、範例的な場――に、きみ自身は身を置いて見ることもけっしてできないであろうが、そういう場において私が信じていることを信じてくれ。私の証言はことによると虚偽かもしれない、だが私は真摯であり、誠意に基づいている、それは虚偽の証言ではないのだ」）。こうした誓い＝約束は、いったい何をなすのか、つまり、もろもろの「真摯な」言明も、また同時にさまざまな虚偽や偽りの誓いも、だからすべての他者への呼びかけを、まるでそれらの影のように、条件づけ、それら

解内容のうちで動いているということは、さきに暗示されていた。その存在了解内容のうちから、存在の意味を表立ってたずね問いと、存在の概念に達しようとする傾向とが生ずる。「存在」とは何のことであるのかを、われわれは知ってはいないのである。しかし、『存在』とは何であるのか」と、われわれが問うときにはすでに、われわれはこの「ある」についてなんらかの了解内容をもっているのだが、この「ある」が何を意味しているのかを、われわれが概念的に確定しているわけではあるまい。われわれは、そこからその意味を捕捉し確定すべきはずの地平をすら、識別してはいないのである。こうした平均的な漠然とした存在了解内容は一つの現事実（Faktum）である」（『存在と時間』、前掲書、第二節、七〇―七一頁）。

なお、現事実（Faktum）

に先行する、この公理的な（準－超越論的な）遂行性《ペルフォルマティフ》の約束は、したがって、何をなすのか。それはこう言うことに帰着する、「奇蹟を信じるのと同じように、私の言うことを信じてほしい」、と。だから、どれほど些細な証言であっても、そういう証言が、これ以上ないくらい本物らしく見える、ありふれた、日常的な物事に支えを求めたとしてもそれは空しいのであり、その証言はあくまで、奇蹟がそうするのと同じように、信に訴えかけるのである。失望＝幻滅〔魔法が解けること〕《デザンシャントマン》を味わう可能性などまったくありえないような空間において、証言は奇蹟と同じもののように自らを提示する。失望＝幻滅という経験は、それがどれほど疑う余地のないことであろうとも、あの「奇蹟を受けた《ミラキュレ》」経験の一つの様相にすぎない――つまり、失望＝幻滅という経験は、「奇蹟を受けた」経験がさまざまな歴史的規定をもっているのだが、そのうちのどの規定のなかにも見られる、証言における驚異〔merveilleux testimonial〕の示す、ごく一時的な、反作用的な効果にすぎないのだ。あたかも奇蹟や「超自然的な不可思議《エクストラオルディネール》な物語」を信じるのと同じように、ひとは証言を信じるように呼びかけられているということ――これこそ、証言の概念そのものにただちに書き込まれていることである。したがって、「奇蹟」という範例が、証言にかかわるすべての問題系に侵入するのを見ても驚くにはあたらない。問題系が古典的であろうとなかろうと、批判的であろうとなかろうとそうなのだ。純粋な証し立て《アテスタシオン》は、もしそのようなものがあるとして、信と奇蹟の経験に属している。どれほどありふれた「社会的

は現存在《ダーザイン》に関係し、これに対して「事実」は――同じ語（Faktum）であるが――事物的存在者に関係する、という訳者の註が記載されている。

☆34　これらすべてのテーマについては、引き合いに出すべき資料総体が膨大になるので、ここではそれらに相応しい評価をすることは不可能と思われる。とりわけそれらの資料総体を規定しているのは、〈詩人〉（彼には、無傷なもの、すなわち、das Heilige を言葉で言う、それゆえ、救い出す責務が課せられている）と、神のしるしを注意深く待ち構える〈思索者〉とのあいだの対話の言葉である。この点に関してとくに豊かな書物である *Beiträge*...（『哲学への寄与論稿』）については、再度、ジャン＝フランソワ・クルティーヌの論文、およびそこで言及され、解釈されているすべての論文を参照

な絆」であろうと、あらゆる「社会的な絆」において前提されている、この純粋な証し立ては、〈哲学〉や〈宗教〉にとってと同じように〈科学＝学問〉にとっても不可欠のものである。こういう源泉は、結集するか、あるいは分離するか、という可能性があり、再び結合すること、あるいは結合を解くことがありうる。それは同時的に、もしくは継起的に起こりうる。次のような場合には、この源泉はそれ自身と同時的でありうるように思われる――つまり、他者が誓って保証することを、証言に基づいて信頼すること〔fiance〕のおかげで、他者への信＝信頼《クロワイヤンス》が、一つの現前‐不在の聖化〔sacralisation〕と結びつけられ、また、法則の――他者からもたらされる法則としての法則の――神聖化〔sanctification〕に結びつけられるような場合には、そうである。この源泉は分割されることがあり、さまざまに異なる仕方でそうなることもある。第一に、次のような二者択一において、そうだ。つまり、一方では、信仰《クロワイヤンス》なき聖性《サクラリテ》（こんな難問の指標は「ハイデガー」である）があり、そして他方では、聖性を欠いた神聖《サントゥテ》さへの信《フォワ》――実のところ、脱神聖化する神聖さであり、むしろある一定の失望＝幻滅を、正真正銘の神聖さの条件とさえする神聖さへの信――がある（この指標は「レヴィナス」――なかでも『タルムード新五講話――神聖《ル・サクレ》から聖潔《ル・サン》へ――』の著者である「レヴィナス」だ）。次に、この源泉は、信＝信頼のうちで前述の「社会的な絆」を構成するものが〔結びつきではなく、その〕中断でもある場合には、分離することもありうる。「社会的な絆＝結びつき」と「社会的な絆＝結びつ

されたい。

☆35　サミュエル・ウェーバーは、以下のような、ハイデガーのきわめて濃密で難解なテクストに私の注意を促してくれたのであり、私は彼に感謝したい。それは、ハイデガーがその『ニーチェ』のなかで「信仰としての（als ein Glaube）永遠回帰の思想」に割いた箇所である (Neske, 1961, t. I, p. 382*sq.*; trad. Française, P. Klossowski, Paris, Gallimard, 1971, t. I, p. 298*sq.*『ニーチェI』、圓増治之、セヴェリン・ミュラー訳、創文社、二〇〇〇年、三三一頁以下)。再読してみたが、これらのページの豊かさ、複雑さ、その戦略を、ひとつの註のなかで十分に評価することはできないと私には思われる。また稿を改めて、試みてみたい。今後の布石として、二点だけ指摘しておく。

（1）このような読解を行

きの解消」とのあいだには――根本的な――対立はない。結びつきの中断をもたらす、ある一定の解消は、むしろ「社会的な絆」の条件であり、あらゆる「共同体」の呼吸そのものである。そこにあるのは、お互いの条件の結び目であるというのではなく、むしろ、あらゆる結び目のほつれへと、切断あるいは中断へと開かれている可能性である。まさにそこにおいて、社会関係《ソシウス》が、すなわち他者との関係――証言にかかわる経験の秘密、それゆえ、ある一定の信の秘密としての他者への関係――が開かれると思われる。信＝信頼こそが、まったくの他者〔tout autre〕への呼びかけの、また、それとの関係のエーテル〔古代人が想像した、天空を満たす霊気に相当するようななにものか〕であるというのは、つまり無‐関係という経験そのもの、あるいは絶対的な中断という経験そのもののなかにおいてなのである（その指標は「ブランショ」、「レヴィナス」などだ）。この無‐関係が、あるいは超越性が極度《ハイパー》に神聖化されるとしても、やはりそれは、脱神聖化を経由するだろう。還俗化とか世俗化を経由するとは言わないでおこう、それらはあまりにもキリスト教的な概念であるから。また、おそらく、ある一定の「無神論」を、いずれにせよ、「否定神学」の――さらには、その伝統の彼方にまで及ぶ――さまざまな資源に関わる、根本的な経験を経由するだろう。ここで、もっと別の語彙、たとえばヘブライ語の語彙《kidouch》という聖潔さ《サントゥテ》のおかげで、聖なるもの〔le sacré〕と聖潔なるもの〔le saint〕を分けるべきだろう。そしてバンヴェニストが強調しているラテン語での区別、つまり事物たちにおける

ならうには、ハイデガーの思考の歩みのなかで、私たちがすでに語ったような（☆26、五五頁）、あの halte〔休止・中断すること＝差し控えること〕（Halt, Haltung, Sichhalten）の傍らに、思索しつつ、忍耐強く、滞在することが必要であろう。

（2）この「休止・中断すること＝差し控えること」は信仰の本質的な規定である。少なくともハイデガーがニーチェの読解、とくに『力への意志』において提起される問いの読解にあたって解釈しているような信仰については、そうである。「信仰とは何であるか。それはいかにして生じるのか。あらゆる信仰は真‐なりと‐見なすことである（Jeder Glaube ist ein Für-Wahr-halten）。」おそらくハイデガーは、ニーチェが言う「信仰概念（Glaubens-begriff）」、いいかえれば、「真理〔真なるもの〕につ

自然な聖性《サクラリテ》と制度ないし法の神聖さ《サントゥテ》の区別☆36だけで十分であるとすべきではもはやないだろう。中断をもたらすこうした分離〔結びつき-の-解消〕によって、〔他者と私との〕絶対的な非対称性のなかにおける、一種の平等性——共約不可能な平等性——が厳命される。この反時間性＝時宜を失していること〔intempestivité〕の法則が、歴史を中断するとともに歴史を作り出すのであり、そしてあらゆる同時代性＝同時性の裏をかいて、信の空間そのものを開くのである。それは、失望＝幻滅〔脱-魔術化《デザンシャントマン》〕こそ宗教的なものの資源そのものであるとはっきり指示するのだ。最初の資源であり、かつ最後の資源である。したがって、幻滅〔脱-魔術化〕の時代、還俗化の時代、世俗化の時代などについて論じる、安泰で、保証された言述ほど、危ういもの、保持し難いものはなにもなく、また、ここかしこに見られる、そうした言述ほど軽率なものはなにもないと思われる。

50

計算可能性——私たちがさきほど述べた人口統計に関する記述を通して、またそれを超えたところで、2についての、あるいはむしろn＋Un〔nプラス〈一なるもの〉〕についての、外見上は、算術的な問い。なぜつねに、一つ以上の源泉が存在しなければならないのか。宗教の二つの源泉が存在するというのではないだろう。信および宗教が、信あるいは宗教が存在するのであろ

いての概念、および〝真なるもののうちで、真なるものに依拠しつつ自己を保持すること（Sich-halten〔自己を-引き留めること〕）〟についての概念」の解釈に関して、きわめて慎重であり、判断を中断させたままである。ハイデガーはその解釈を断念するとさえ明言しているが、それはちょうど、ニーチェが宗教と哲学のあいだの差異をいかに捕捉しているのか、を表象することを、彼が断念しているのと同じである。とはいえ、ハイデガーは、『ツァラトゥストラはこう語った』の時期以来のさまざまな警句＝箴言に言及しながら、前置き的な指示を数多く挙げている。これらの指示から窺うことができるのは次の点である。つまり、彼の目からすれば、もし信仰を構成するものが「真-なりと-見なすこと」および「真理のうちに自己を保持すること」であるなら

う。なぜなら、少なくとも二つ存在するからである。なぜなら、最善の場合にせよ最悪の場合にせよ、源泉の分割と反復可能性《イテラビリテ》が存在するからだ。こういう代補《シュプレマン》は、計算可能なものの核心に計算不可能なものを導入する（レヴィナスはこう言っている、「このように二者で存在すること〔cet être à deux〕こそ、人間的であり、精神的である」）。しかし、〈一なるもの〉以上＝もはや〈一なるもの〉はない〔le plus d'Un〕ということは、ただちに、二者以上である。二者での結合《アリアンス》＝同盟はありえない、もっともそれが、実際、純粋な信という純粋な狂気を意味するのではない、とするならば、話は別だが。それは最悪の暴力である。〈一なるもの〉以上＝もはや〈一なるもの〉はないということは、このn＋Un〔〈一なるもの〉〕であり、これは他者への呼びかけのなかに、信の次元ないし信頼に基づくもの〔fiabilité〕の次元を導入するが、それのみならず自動的《マシナル》＝無意識的な、機械的《マシニック》な分割も導入する（証言に基づく肯定そして反応＝反作用性、「ウイ、ウイ」など、自動的応答機・留守番電話、留守録音装置〔answering machine〕、さらには**根源悪**の可能性、すなわち、偽りの誓い、虚偽、遠隔操作による殺害——暴行して素手で殺すときでさえも、離れたところから命令された殺害）。

51

根源悪の可能性は、宗教的なものを破壊すると同時に、それを創設もする。存在神学も、実の

ば、そしてもし真理がニーチェにとって「存在するもの＝存在者〔その総体における〕との関わり合い」を意味するのならば、その場合には、信仰とは、「表象されたなにものかを真なるものと見なすこと（ein Vorgestelltes als Wahres nehmen）」ということになり、それゆえ、いわば形而上学的なままであって、したがって、思考のなかにおいて、表象＝再現の次元も、存在者の総体も超出するはずのものの水準に達することはないままにとどまっている、ということだ。このことは、私たちが前に引用した主張——《Der Glaube hat im Denken keinen Platz〔信仰は思索のなかにいかなる場ももたない〕》——と整合的であり、論理的に首尾一貫している。信仰についてのニーチェの定義（Für-Wahr-halten）に関して、ハイデガーはまず、ただ一つのことだけ取

ところ、それが犠牲＝供犠と祈りを、また、祈りの真実を宙吊りにするときには、同じことを行なう。こうした祈りの真実は、もう一度アリストテレスを思い起こすならば、真と偽の彼方にあり、いずれにせよ、ある一定の真実＝真理の概念、判断の概念に応じて、真と偽の対立の彼方にある。祝福〔bénédiction〕がそうであるのと同様に、祈りは、証言に基づく信《フォワ》とか殉教〔martyre、死につつ、神の真実を証言すること〕という根源的体制――ここで、私たちがそれを、その最も「批判的《クリティック》＝危機的」な力において思考しようとしているもの――に属している。存在神学は、信をクリプト（地下埋葬所）に埋めたように秘め隠しており、そして信を、一種のスペインのマラーノ〔ユダヤ教からキリスト教へ強制的に改宗させられた者〕の置かれた条件へと運命づける。マラーノは、自らの唯一無二の秘密の記憶に至るまでも喪失したであろう、実のところは、散乱させ、複数化させただろう（と思える）者である。ある静物画の象徴的図柄《アンブレーム》、たとえば、復活祭の夕べ、お盆のうえの、切込みの入った柘榴の実[★42]。

52

このクリプトという根底なき根底において、Un＋n〔〈一なるもの〉プラスn〕は、計算不可能な仕方で、それ自身のすべての代補《シュプレマン》を生み出す。それは、自制する＝自らに力を加える〔Il se fait violence〕とともに他者に用心する＝他者から自らを守る＝自らにいくらかの他者を保持しておく

り上げると明言する、だがそれは「最も重要なこと」、つまり、「真なるものに依拠しつつかつ真なるもののうちで自己を保持すること（das Sichhalten an das Wahre und im Wahren）」である。そしてその少し先の箇所で彼はこう付言する、「真理〔真なるもの〕のうちで自己を保持することが人間的生の一つのあり方であるなら、信じることの本質に関して、とくにニーチェの信仰概念に関して決定が可能となるのは、真理そのものについてのニーチェの見方が明らかになり、真理と『生』との、すなわちニーチェによれば、その総体における存在者との関わり合いについてのニーチェの見方が明らかになった場合のみである。したがって、信仰についてのニーチェの見解を充分に把握することなしには（略）、ニーチェにとって『宗教』という語が何を意味するか、こ

〔se garde de l'autre〕。宗教の自己＝免疫性は、指し示すことの可能な目的＝終極を欠いたまま、自らに償いをすること〔無傷なものへと復元すること〕しかできない。そういう補償がなされるのは、私たちがもはや知らないか、あるいは私たちがまだ話していない、さまざまな言語のなかの明日のコーラ〔khôra〕、つねに処女のままである、平然たる動じなさ《アンパシビリテ》という根底なき根底のうえにおいて、なのである。この場は唯一無二であり、それは名をもたない〈一なるもの〉である。おそらく、それは場を与える＝生じさせるだろう。けれども、いささかの気前のよさも備えていない、神的なものにせよ、人間的なものにせよ。そこでは、遺灰の散乱は約束されてさえいない、与えられた死もまた、そうである。

（以上が――昨年、ヴェスヴィオ山とグラディーヴァのすぐ近く、カプリ島を訪れたさいに――ある種のモーリア山について、私が語りたかったと思われることである。今日、私は、自分が先日『シャティーラのジュネ』のなかで読んだことを思い出している。それについては、ここで、多くの言語における多くの前提を、その多数の当事者たちと犠牲者たちを、それに先立つ前夜と結末を、また、そのあらゆる風景とあらゆる亡霊たちを思い起こさねばならないだろう。「私が避けたりはしない数々の問いの一つは、宗教の問いである。[☆37]」ラグーナにて、一九九五年四月二十六日。）

のことを私たちが敢えて言うことは困難であろう」（原書、三八六頁、仏語訳、三〇一頁〔邦訳、三三五頁〕）。

☆36 E. Benveniste, *Le Vocabulaire...*, *op. cit.*, notamment p. 184, pp. 187-192, p. 206. エミール・バンヴェニスト『インド＝ヨーロッパ諸制度語彙集』、前掲書、一七六頁、一七九―一八四頁、一九九頁。

★42 キリスト教的図像学において、「柘榴の実」は、ふつうは聖母の傍らに置かれ、その多数の実の粒の連想から豊穣性、多産性の象徴となるのであるが、イエスの傍らに置かれたり、このように「復活祭の夕べ」に結びつけられたりすると、そしてとくに「切込みの入った」柘榴の実とされると、受難《パッション》を象徴すると思われる。

☆37 J. Genet, *Genet à Chatila*, Paris, Solin, 1992, p. 103.

訳者あとがき

本書は、Jacques Derrida, « Foi et savoir——Les deux sources de la « religion » aux limites de la simple raison », in *La religion*——séminaire de Capri sous la direction de Jacques Derrida et Gianni Vattimo, Editions du Seuil, 1996の翻訳である。この論考は、のちになって、同じスイユ出版社から、ポワン叢書の一巻（*Foi et Savoir*, suivi de *Le siècle et le Pardon*, collection Points, Editions du Seuil, 2000）としても刊行されたが、異同は見られない。本書は、一九九四年二月二十八日と三月一日、地中海に浮かぶカプリ島において開催された、少人数の討論会の報告に基づいて、大幅に加筆されたものである。この討論会は、ジャック・デリダとジャンニ・ヴァッティモがディレクターを務め、参加者にはハンス＝ゲオルク・ガダマー、マウリツィオ・フェラリス、アルド・ガルガニなどがいた。テーマは「宗教」である。その準備段階で、パリのホテルにおいて、フェラリスから主題の設定について訊かれたとき、デリダはなにも用意していなかったが、ほとんど間髪を入れず、「宗教」と答えてしまったと記している。この時期、フランスや他の西欧諸国においては、「宗教的なものの回帰」と呼ばれる現象について多くのことが語られていた。また、9・11のニューヨーク同時テロ以前ではあったけれども、すでにアルジェリアや中東世界では「イスラム」の名を引き合いに出す、いわゆる「原理主義」とか「伝統完全保存主義《アンテグリスム》」の活動が活発になっていた。それゆえ、このテーマは絶えずデリダの念頭にあったと言ってもよいだろう。

＊　デリダは、この論考において、なにをしようとしているのか、少し考えてみよう。それは、「今日の光において」、宗教とは何であるのか、を考えることだろう。今日、世界の内《うち》で、宗教は何であるのか、宗教は何をしているのか、を考えること。さらに言えば、宗教という名のもとに、何が起こっているのか、を考えることでもある。デリダはこうも言う。求められていること――それは、「今日と明日の啓蒙＝光明〔Lumières〕を目指して、これまで行なわれてきた、他の啓蒙〔Lumières（Aufklärnug, illuminismo, enlightenment）〕の光に照らして、いかに宗教について語るかということ」である。哲学的な伝統から離れてしまうことなしに、しかも今日という日の、光のなかで、いかにして宗教について語るのか。伝統において、まず考慮すべきなのは、カントの本であり、それは啓蒙《アウフクレールング》の時代に、その精神において書かれた本である。『たんなる理性の限界内における宗教』（一七九三年）はまた、根源悪に関する書物でもある（今日、理性と根源悪についてはどういうことになっているのか。実践理性の合理性は、根源悪に対抗してよくふるまうことができるのだろうか。それとも根源悪の執拗さは、もっと思いもよらぬ仕方で脅

かすのだろうか）。

＊ デリダの狙いのひとつは、今日、「宗教」の名で行なわれていることを——とくに、イスラム主義的な反応の仕方まで含めつつ——解明しようとすることだが、こうした試みを行なうにさいして、「哲学的な伝統を断ち切ることなく」踏まえながらも、宗教論の伝統的な論じ方を大きくずらせることである。どのようにずらせているのか。啓蒙思想の伝統に即した宗教哲学・思想における見方では、どうしても宗教と批判的理性を対立させて考える。また、宗教と技術的科学を対立させ、相容れないものとみなす。むろん対立する面や部分があるのはたしかだろう。が、しかしもっぱら対立面にのみ思考を集中させる傾向がある。この見方は、啓蒙思想のうちの、ある一定の伝統のなかに、すなわち過去三世紀にわたる多様な啓蒙思想のうちの、ある一つの光〔lumière〕のなかだけにとどまる。この光は、ある一定の警戒心、つまり批判的で、反キリスト教‐反ユダヤ教‐反イスラム教的な警戒心を、まるで一筋の線のように横切っている光であり、「ヴォルテール‐フォイエルバッハ‐マルクス」という思想上の、ある一定の類縁関係を横断している光である。しかし、こういう光のなかだけにとどまるならば、〈今日‐宗教‐とともに‐世界の‐内で‐起きていること〉に関して、ほんとうになにごとかを理解することになるであろうか。デリダの気づかいはここにある。もしひとが、理性と宗教

を、〈批判あるいは学問＝科学〉と宗教を、そして〈技術的科学による現代性〉と〈宗教〉とを、二者択一的なものであり、一方を選択すれば他方とは無縁になると考え、素朴に対立させ続けるとすれば、その限りにおいて、ひとは今日、「宗教の」と呼ばれる現象、もしくは「宗教的なものの回帰」と言われている現象に盲目となってしまうだろう。

　そこでデリダの考えでは、私たちは、いったいどのような点で、批判的な理性、技術科学的理性の揺るぎなく、絶えざる発展が、宗教に対立するというよりも、むしろ宗教を担い、宗教を支え、宗教を前提にしているかということを、「理解しよう」とするべきなのである。（信と知の関わりにおいて、重大なことは、知とは何かを知っていると信じることである。さらには知が、その構造からして、信じることや信＝信仰《フォワ》から解放されている——もっぱら信託に基づくものや信頼によるものから自らを解き放っている——ということを知っている、と信じることである。）簡単なことではないが、宗教と科学が同じ資源《ルスルス》から発している面をもっていることを証明しなければならない（ここで、科学というのは、産出＝生産としての知、実務を処理する能力・手腕・技量であり、遠隔的な介入であるものとしての知、その本質からしてつねに高性能な達成能力《ペルフォルマンス》をもつ、技術的科学としての知に結ばれている科学のことである。）

　宗教的なものには、二つの親族《ファミリー》、二つの根本があり、それらは互いに交差し、接木し合い、混交し合うのだが、けっして一つに溶け合うことはない。つまり、宗教は楕円（エリプス——

不完全な円、不足・欠落のある円）をなしており、その焦点は聖性の経験と信＝信仰の経験である。この二つの経験が、いわば宗教の源であり、二つの源泉であると言ってもよい。そして宗教が ellipse であるということは、宗教がまた同時に〔修辞学的な意味での〕省略法でもあるということだ。宗教は二つの源＝焦点をうちに含んでおり、ときどき、まさしく密かなやり方、黙説法的な仕方で、それら源泉の還元不可能な二重性を——黙することで——告げるのである。

人々は、多くの場合、宗教的なもの、宗教性を、漠然とした仕方で、神的なものにまつわる聖性《サクラリテ》の経験、神聖なもの、害されていない無事《ソフ》なもの、あるいは無傷なもの〔indemne〕の経験に結びつけている。だが、誓約された信〔foi juré〕、信じること＝信仰《クロワイヤンス》は、いったいどこにおいて、そしてどの程度まで、そういう聖性の経験に関わっているのだろうか。踏み込んで言うと、すべて誓約された信であるもの、ある種の信託、もっぱら信用や信頼に基づくもの一般は、必ずしも「宗教」のうちに書き込まれているとは限らないのではないか。もし信じることと、信、忠実さ《フィデリテ》などが、ここでは、他者の証言への受諾＝同意を——すなわち、まったく異なる他者、その絶対的源泉において、私が到達することの不可能な、まったくの他者が証言することへの受諾を——意味するとすれば、そう思われる。つまり〈すべての他者はまったく他なるものである〉ようなところで、そういう「まったくの他者」のなす証し立て（真実を告げるという約束）を受諾し、同意することを意味するならば、そう言えるだろう。

デリダは、このようにひたすら信頼を求める呼びかけ、証拠や証明をつねに超えている、さらには論証的な理性も、直観もつねに超えている証言的なものに関わる経験――真実を告げる約束を、そういう遂行性を、ひとえに信用すること、信じることという〈信の行為〉の経験――に注目する。そして宗教と理性（技術科学的な理性）が同じような資源をもっているのではないか、と考えていく。つまり宗教も技術科学的な理性も、〈遂行的なもの〉を証言することに伴う担保《ガージュ》＝保証から発して、ともに展開するだろう。そういう証言的なものにおける担保＝保証は、応答するようにひとを巻き込む。すなわち、他者の前で応答するように巻き込み、それと同時に、技術的科学の高性能な達成に関わる遂行性《ペルフォルマティヴィテ》を受け合うように巻き込むのである。

　批判的な理性、そして遠隔－技術科学的な理性は、分かちもたれる知として呼びかける限りにおいて、ひとえに信頼に基づくものの次元を想定しているだろう。批判の「光」や遠隔－技術科学的理性の「光」は、信頼性《フィアビリテ》を前提にすることしかできない。こうした光は、ある還元不可能な「信念《フォワ》」を作動させなければならない――つまり、ひとつの社会的な絆への信念、あるいは誓約された信への信念、ひとつの証し立て（私は、きみに真実を――あらゆる証拠や理論的証明を超えて――約束する、私を信じなさい）への信念、言いかえれば、ある約束の行為遂行《ペルフォルマティフ》、すなわち偽りの誓いにおいてさえも働いており、もしそれがなければ、いかなる他者への呼びかけも可能ではなくなるような、約束の行為遂行への信念を稼動させねばならない。この基本的な信の行為という遂行的な経験がないとすれば、社会的な絆はないし、他者への呼びかけもなく、いかなる遂行性一般もないだろう。すなわち、協約も、制度も、憲法のようなものもないし、ここではとくに、科学的＝学問的な共同性の知を、最初から〈すること‐作ること〉に結びつけ、そして科学を〈技術〉に結びつける、あの産出能力の高性能な達成《ペルフォルマンス》に関わる遂行性、いわば構造的な遂行性《ペルフォルマティヴィテ》もないだろう。振り返ってみれば、遠隔‐技術科学的理性による批判が発展しつつ展開されるところではどこであれ、そういう遠隔‐技術科学的理性はあの基本的な信《フォワ》という、もっぱら信託による信用を作動させている――つまり、少なくともその本質においては、あるいはその使命においては、宗教的なものにほかならない信を、言いかえれば、あの基本的な信という、信託＝信頼に基づく信用を（すなわち宗教そのものではないとしても、宗教的なものの基本条件であり、棲息環境であるものを）動かし、活用している。そういう指摘に続けて、デリダは、こうした運動――宗教と遠隔‐技術科学的理性とを、その最も重大な側面において分かちがたいものにするこの同じ運動――が、不可避的にその運動自身に反応する（反作用的に働く）のであり、こんな運動は、むろん自分自身の解毒剤を分泌するけれども、それだけではなく自分自身の自己‐免疫作用という動きも分泌する、と考える。それはどういうことだろうか。

＊　それを考えるために、「宗教的な波のうねり」という喩えを検討してみよう。デリダは、現代世界で、宗教の名において発現し、激しく「世界ラテン化」に反抗しつつ、反作用的な闘いを仕掛ける「イスラム主義」などの運動を念頭に浮かべつつ、比喩的な言い方を導入して、「宗教的な波が激しく押し寄せ、砕けつつ、広がる」現象として語っている（いわゆる「原理主義」や「伝統完全保存主義」と呼ばれるかたち・様式による反作用が敵対する相手とは「世界ラテン化」であるが、これは自らの名を明かさない宗教であり、またつねにそうであるように、「普遍主義的な」顔をした自民族中心主義であって、さらには科学の、そして技術の〈市場〉でもある。ひいては、資本主義的な進出・覇権・支配であり、欧米的な民主主義の〈修辞《レトリック》〉でもあるだろう。）

イスラム主義的な「原理主義」や「伝統完全保存主義」のなかで、無知な暴力性とか、非合理性、「蒙昧主義」などの現象がしばしば告発される。たしかに当然なところもあると思われるが、それらは多くの場合、残滓であり、表面的な結果である。つまり、一方で、遠隔‐技術科学的な機械の侵入に対抗する免疫的な反応の残滓であり、また他方で、補償的な仕方による――つまり、傷つけられたものを償おうとする仕方による――反応、すなわち自己‐免疫的な反応の残滓である。それらの無知な暴力性、非合理性、「蒙昧主義」などの現象はひとつの深層構造を覆い隠しており、あるいは（いや、むしろ同時に）ある種の自分への恐れを、すなわち自分がそれと一体となっているところを持っている、その当のもの自体に対抗する反作用を覆い隠している。その当のものとはつまり、脱‐固有化〔自らに固有なものを失くすように強いられること〕であり、非ローカル化〔自らの住む場所から追われること〕、根こぎにされることであって、またさらには、脱‐固有言語化〔自らに固有な言語を奪われること〕、そして所有剝奪（そのあらゆる次元における、とりわけ性的な‐ファロス的な次元における剝奪）などであるが、そうした脱‐固有化や非ローカル化は、まさに遠隔‐技術科学的な機械がまちがいなく産み出すものである。ルサンチマン（反感・怨恨）という反応＝反作用は、こういう運動――自分への恐れであり、また自分がそれと一体となっているところを持っている、その当のものそのものに対抗する反作用という運動――を分割しつつ、その運動を、それ自身に対立させる。そうやって、免疫的であると同時に自己‐免疫的である運動のなかで、自分自身に償いをしようとする（言いかえれば、自分自身を無傷なものにしようとする）。こうした反応＝反作用は、免疫的であると同時に自己‐免疫的なものであるが、こんな反応のみが、あの宗教的な波の動き、「宗教の名において押し寄せる波のうねりが、砕けつつ広がる《デフェルルマン》こと」を、すなわちその矛盾する、二重の現象において、波が砕けつつ拡大することを、説明することができる。そうデリダは指摘する。うねりとともに押し寄せる波は、たしかに高度資本主義的な進出および市場支配的な覇権と結びついた遠隔‐技術科学的な機械の侵入に対抗する免疫的な反応を示し、ぶつかって砕けるのだが、しかしそれだけではない。遠隔‐技術科学的な機械は、明らかに脱‐固有化、非‐ローカル化、根こぎ、脱‐固有言語化、所有剝奪などを生み出す〈抗原〉であり、祓い除けなければならない敵であるが、しかしまた同時に、これらの機械は「飼いならすべき悪」であり、大いに「操作すべきもの」でもある。ぶつかって砕ける波のうねりは、この「対立しているように見えるものそのものを我が物とする」。そして波のうねりは、自らの固有性（また、自らの免疫性）に対抗して戦うようになる。

〈無傷なものの自己‐免疫作用〉とはどういうものなのか。静態的に見ると、こう言えるように思える。つまり、なにも害されておらず無傷なもの《アンデムヌ》――健やかで手つかずのままの、無事なもの《サン・エ・ソフ》、聖なるもの《サクレ》――は、自分を守ろうとして、たしかに免疫的な働きを実行する。外部から異邦的なもの＝敵対的で、異質な抗原がやって来て、汚染しようとするのに抵抗し、抗体を生み出してそれを防ぎ、自らを無傷なまま保全しようとする。だが、もっと動態的に、実際に起こる過程を見ると、こう考えられるのではないだろうか。なにも害されておらず無傷なもの、手つかずのままのものというのは、なにかしら害されたあと――手がつけられ、触れられたあと――になってから初めてそうみなされる何かである。それゆえ〈無傷なものが異質な抗原に対抗して、自分を守り、保全する〉というのは、たんに外的な抗原に対抗して抗体を生み出すだけではなく、実際的なリアルな過程としては、害されたなにか、手がつけられ、触れられたなにかを絶えず償うことでもあり、その補償作用によって無傷なものへと復元するということである。そして無傷なものへと償うということは、サクリファイスに関わるだろう。

さきほど見たデリダの考えによれば、宗教と〈技術的科学に関わる理性〉はともに、次のような共通の資源《ルスルス》から発して、展開している。すなわちあらゆる〈遂行的なもの〉を証言することに伴う担保《ガージュ》＝保証から発して、ともに展開する。そういう証言的な担保＝保証は、応答するようにひとを巻き込み、促す。つまり一方で、他者の前で〔呼びかけに〕応答するように促すと同時に、他方で、技術的科学の高性能な達成に関わる遂行性《ペルフォルマティヴィテ》を受け合うように促す。こうした同じ一つの源泉が機械的に、自動的に自らを分割し、そして反作用的に自分自身に対立する。その結果として、一つの源のうちに二つの源が生じるようになる。そういう反作用性は、サクリファイスによる補償作用——つまり、〔自らを、あるいは自らにとって最も貴重なものを〕犠牲にする仕方で、補償する作用——のプロセスであり、自分自身（＝反作用性そのもの）が脅かしている無傷《アンデムヌ》なものを、なんら害されていない無事なもの＝聖なるものへと復元しようと試みる。

ここで、『宗教の理論』におけるバタイユの考え方を参照してみたい。原始から古代の宗教の核であった供犠《サクリファイス》においては、その種族の人々の最も重要で大切な生産物が、おそらく精霊たち（あるいは神々）に捧げられつつ、破壊される。牧畜民は一頭の羊を犠牲にして殺害し、農耕民は収穫した穀物の初物を供物として奉納する。それらはこのうえなく貴重な生産物のはずだが、なぜ破壊するのだろうか。なぜ自分の食べ物として享受する以前に、まず〈捧げ物にする〉というかたちで差し出し、消失するのか。動物の供犠の場合には、なぜ死の禁忌《タブー》をあえて破って、つまり絶対的に尊重しなければならない生き生きした生命を死なせ、血を流すのか。羊を祭りとして殺害するということは、個々人がパーソナルに消費する目的で殺害することとは違う。羊を破壊するのは確かである。だが、なにを壊そうとしているのだろうか。それは、〈生き物としての羊〉を破壊したいのではない。生き生きした生命としての羊を壊したいのでは、むろんない。そうではなく、手がつけられ、触れられたものとしての羊、なにかしら害されたものとしての羊を壊したいのだろう。言いかえれば、〈事物化した羊〉を破壊したいのだ。生産のための労働が狙う家畜であり、日々の仕事や作業の結実した成果である生産物としての羊は〈事物《ショーズ》〉化されるのだが、そんな〈事物〉性を破壊するのである。

羊は、本来的には、自然に与えられていた生命存在である。しかし、規則的に労働し始めた人間はそうした自然的所与を〈否定する〉仕方で捕捉し、自分の〈対象〉にする。手を加え、作り変えて、有用な産物＝制作品にする。野生の動物である羊を捉え、その所与のままの自然状態から引き剝がして〈家畜〉にする。いわば自分が〈主人〉となって支配する物に変える。つまり自分に役立ち、奉仕する〈事物〉に変える。そのとき、人間もまた変わる。主人になる

（服従させる）ということは、服従させたものを変えるだけではなく、主人となったものも自ら変えられるということだ。労働する人間、合理的に考えて対象を作り変える人間は、そういう自らの操作や作業が結実するはずの時、やがて来るはずの時を必ず期待する。自然的な所与である動物を狩猟して殺害し、その肉を即座に食べる（享受する）のを止めて、自分が飼育する家畜にし、辛抱して働くのは、享受することを一時的に断念しているのであり、それを先に延ばし、〈あとになってから〉もっとよく享受しようと見込んでいるのだ。これは〈理〉に適った推論による見込みであり、こういう見込みと予期＝期待は、心的な慣習と地平になり、人間はそれに服すようになる。生産のための労働が狙う〈家畜としての羊〉を、そして、飼育の成果として丸々と肥えた羊を、捧げ物＝贈り物として消失する祭礼が生じたのはなぜか。それは、そうした生産物のうちで〈事物〉化された在りようを破壊することによって、羊を、それが無理やり位置づけられることになった〈事物たちの面〉から引き剝がすためである。羊が本来的にはそこに存在していた直接性＝無媒介性の領界——手つかずのままの生き生きした生命の領界、なんら害されていない無傷な、健やかなもの、聖なるものの領界——へ戻すためだ。どんな切り離しもなく、区切りや境界もない、一切のものの深い連続性＝無窮性へと立ち返らせるためなのだ。容易には理解し難いことだが、牧畜の作業のなかで〈事物〉化せられた、しかし牧畜民の意識の深部ではけっして〈事物〉ではなく、自分たちと同じように生き生きした生命存在であり、〈霊〉的な真実を持つ存在であった羊は、逆説的にもただ〈破壊される〉こと――犠牲に捧げられ、贈与されること――によってのみ、その本来的な在りようへと戻される。生き生きした生命の領界、なんら害されていない無傷なものの領界、無媒介性の領界へと復元される。そして供犠を執行する人間もまた、その瞬間、心的慣習化した見込みと予期＝期待の地平から解き放たれて、ある種の至高性を回復する。そう信じられただろう。

こうした見方を参考にして考えると、宗教の名のもとに激しく渦巻く波のうねりが、自分の固有性を〔それが触れられ、汚染されているのを〕犠牲《サクリファイス》にする仕方で壊そうとするのは――そしてそういう脱‐固有化する傾向をもつ、遠隔‐技術的な機械の高性能な達成能力（それに関わる遂行性）を、ある面において、信用し、頼みとするのは――理解されるように思える。自らの貴重な部分を犠牲にし、壊すことによって、つまり、奇妙なことではあるが、自らの固有性（その免疫性）に対抗して、それを犠牲にし、壊すことによって、自己犠牲的な仕方で、償おうとする。補償しつつ、無傷なものへと復元しようとする。だから、このとき、無傷なもの《アンデムヌ》の行なう自己保全とは、不思議なことに思えるにせよ、自分自身の保全作用に抗して自らを守ろうとしている。つまり、自分自身の警備能力、自分自身の拒否能力、端的に言えば、自分自身（という固有性）に抗して、言いかえると、自分自身の免疫性に抗して自らを守り、保全しようとするのである。

こうして、宗教的な波のうねりは、一方で、〈敵〉であるはずの、つまり自らの固有性を壊す〈抗原〉であるはずの遠隔‐技術科学的な機械を迎え入れて同盟する。その高性能な達成能力、それに関わる遂行性を信じて、頼みとし、活用する。そして同時に、他方ではむろんのこと、生き生きした生命、絶対的に尊重すべきものの敵であり、脱‐固有化させ、非ローカル化させる元凶である遠隔‐技術科学的な機械の侵入（それはまた、高度資本主義的な侵略と覇権・支配に同一視されている）に対抗して戦う。〈宗教〉は――宗教の名において過激な反応を示しているものは――自分自身の場所から、実のところ場所そのものから、つまり自らの真実が生起する〔場を持つ〕ところから〈宗教〉を追い出すことによってのみこの新たな力を与えてくれるものに対して、ただちに反作用を行ない、戦闘を開始する。〈宗教〉は、免疫的であるとともに自己‐免疫的であるという、あの矛盾した二重の構造に応じて、自らを脅かすことによってのみ自らを守ってくれるものに対抗して、恐るべき戦闘・戦争を仕掛けるのである。

＊　デリダの思想的営為はさらに進んで、宗教の今日的な在りようを解明するために、〈死を超えて――自動的＝機械的に――生き延びるもの、亡霊的現われとして再生するもの〉を考察のなかに組み込んでいく。デリダが試みようとしているのは、これまでの宗教論の多くがそうするように〈機械的なもの〉と信《フォワ》＝信仰とを対立させる代わりに、それらを、一つの同じ可能

性としてともに考えることであり、さらには、機械的なものを、聖なる－神聖さ（手つかずの、無事なもの、生き生きした、豊穣な、多産なもの）に関わりあう価値、とりわけファロス的効果の聖なる－神聖さのうちに関わる価値と結んで考えねばならない、ということである。多くの宗教に見られるファロス崇拝。〈自己身体〉から切り離された（つまりペニスの不在の場で、その不在に代わる像である）ファロスという物神《フェティッシュ》は、あちこちに持ち運ばれるマリオネット、自動ロボットのようになる。死んだもの（不在のもの）がもっと生き生きと再生する（現前する）という効果をもつのだ。デリダが探究しているもの、それはおそらくある強力なロジックの力、むろんこのうえなく潜在的なものではあるけれども、遠隔－技術科学的な機械《マシーン》を、つまり生命に役立つものであると同時に生命の敵でもある何かを、宗教的なものの資源《ルスルス》そのものへと結びつけるもの、すなわちこのうえなく生き生きしたもの――死んだものとしての、そして自動的に生き延び、その亡霊的な現われにおいて甦ったものとしての、このうえなく生き生きしたもの――への信へと結びつけるものを説明するために十分なほど強力なロジックの力である。

あらゆる宗教に見られる絶対的命令、神聖なる、救済の法。それはすなわち、生き生きとした生命を、手つかずのままの無傷なものとして救うこと、無傷なものは絶対的に尊重される権利、慎み＝控え目とともに、ためらい＝細心さをもって扱われる権利を持っているが、そういう無傷なものとして救うことである。ただ、無傷なものとして救うことはどうしても、傷ついたものを償うことでもあり、無傷なものへと復元することになる。そして償うことは、自分にとって貴重な、固有な何かを犠牲《サクリファイス》にすることによって補償するのであり、とくに最も大切な、最愛の生命を死へと至らしめ、そのおかげで手つかずの、聖なるものとして再生させる。それゆえ一見すると矛盾しているように思える二重の要請（生命の絶対的尊重とサクリファイス的召命）が生じる。その力学＝機械仕掛け《メカニック》は、ひとつの〈技術的なもの〉の持つ規則性とともに、生命体のなかに非‐生命体の審級を、あるいは生あるもののなかに死んだものの審級を再生させることである。この基底にあるのは、死んだものが亡霊として生きている、という幻想《ファンタスム》、生き‐残ること〔sur-vie、死を超えて、生き延びること〕の原理をなす幻想《ファンタスム》である。こうした力学＝機械仕掛け《メカニック》が基づいているのは、生が絶対的に価値を持つのは、ひとえに生以上の価値を持つときだけだということである。生き生きしている生命は、無傷なもの（健やかで無事な、聖なるもの）でなければならず、そういうものとして絶対的に尊重され、慎み深くかつ細心の、控え目な仕方で遇され、救われるべきである。だが、そうであるのは、生命がひとえに生命以上の価値を持つときだけなのだ。言いかえれば、その生命が失われ、〔それを哀悼しつつ〕その喪に服すときのみであり、そして無限の喪の作業のなかで、つまり亡霊性という補償作用《アンデムニザシオン》において、生命がまさにそうあるものになるときだけなのである。縁《ふち》どられていない亡霊性として生き－残ること〔死を超えて生き延びること〕が、無傷なものへと復元する仕方で償うことに相当する。生き生きとした生命が神聖なもの、限りなく尊重されるものになるのは、もっぱら、生のうちで生以上に価値を持つものの名において、すなわち、生物学－動物学的なものの自然性にとどまることのないものの名においてのみだ。このことが示しているのは、人間の生は〔動物的な生とは異なり〕死と正面から向かい合い、死＝無の力を知り、しかも死を超えて生き延びる（霊的＝精神的な何かとしてもっと生き生きと再生する）のであり、それゆえ、生命以上の価値を持つものの無限の超越を証し立てるのであって、だからこそ限りない尊重に値する、ということである。

　人間という生命あるものの価値は、絶対的な尊重を私たちに吹き込むものであり、市場価値では測れない。カントが目的＝究極それ自体の尊厳と呼ぶものに対応する。こうした生の尊厳は、現前している生命存在を超えた彼方においてしか保たれることができない。そこから超越、物神崇拝《フェティシズム》、亡霊性が生じ、宗教の宗教性が生まれる。こういう仕方で、生きているもののうえに――その生き生きした生命が絶対的価値を持つのは、ひとえに生命以上に、つまり自分自身以上に価値を持つときだけだが――〔生命を〕超え出るものが過剰に溢れていること、まさにここに死んだものの空間を開くものがある。ひとはそういう死の空間を、〈不在の現前〉である自動ロボットに（典型的には「ファロス的な」自動ロボットに）結びつけるのであり、また、技術、機械、代行機器（テレビカメラ、コンピューターのような）、潜在性に結びつける。要するに、自己-免疫的な、そして自己犠牲的な代補性の諸次元に結びつける。こうして、デリダの見方では、宗教がそうであるような共同性＝共同体は、〈死の欲動《ピュルシオン》〉によって沈黙のうちに働きかけられており、まさに共-自己-免疫性〔auto-co-immunité〕として構成されている。つまり、その反復可能性《イテラビリテ》、遺産相続性、亡霊的伝統という点において、まさしく「共に-義務として-自己-免疫作用をするもの〔com-mune-auto-immunité〕としての共同体〔communauté〕」となっているだろう。どんな共同体であれ、自己保護の原理（自らの、害されていない完全無欠性を保全するという原理）を破りつつ、サクリファイス的な仕方で自己を破壊するという原理——そしてそのように自己を破壊するのは、なんらかの、見えない、亡霊的な生き-残り《シュルヴィ》を目指して、そうするのであるという原理——を維持して保つようにしない共同体はない。一方から見れば、このことは恐るべきことであり、悪へと向かう道に通じている。が、しかし他方から見れば、自らに異議提起する自己-免疫的な共同体は自分自身とは異なるもの、自分以上のものへと開かれたままになる。すなわち、他なるもの＝他者、来たるべきもの《アヴニール》＝未来、死、自由、他者の到来あるいは他者への愛に、そしてすべてのメシア待望思想を超えているメシア性（亡霊化させるメシア性）の時間・空間に開かれたままとなる。そこに〈宗教的遺産の相続〉の、ある種の可能性を考えることができるかもしれない。デリダの探究は、こうした方向へと延びているように思われる。

＊　いま見たような探究は、いくつかの方向性が示唆されているうちの一つ、中心的な一つであると思われるのだが、しかし筆者の読みの射程が届いていないところもあるに違いない。五十二の断章によって書かれたこのテクストにおいて探索されているものはもっと豊かな広がりと深さを秘めている。本書の翻訳はもうかなり以前から始められたのだが、さまざまな事情によって集中して続ける時間がとれなかったこと、またテクスト自体の難解さにいくども押し戻されたことなどによって、予想もしないほど長い時間がかかってしまった。最終局面では、やはり筆者のパーソナルな都合によって時間不足に陥り、この領域に精通している大西雅一郎氏の貴重な助力を仰ぐことになった。大西さんはご多忙にもかかわらず快く引き受けてくださり、本書の断章41から断章52までの翻訳（および訳註）を担当してくださった。ありがたいことである。全体の調整や統一などは湯浅が行なったので、文責は湯浅にある。できるかぎり読みやすい文章になるように努力を重ねたけれども、まだまだ不十分かもしれない。読み込み不足や思い込みによる取り違いもないとは言えないだろう。ご指摘くださるようお願いする。なお、本訳書は初訳ではなく、松葉祥一氏および榊原達哉氏による既訳がある（雑誌『批評空間』II―11、一九九六年十月、II―12、一九九七年一月、II―13、一九九七年四月、太田出

版)。随時参照させていただき、たくさんのことを教えていただいた。また、そこに付された訳註はきわめて充実したものであり、大いに活用させていただいた。心より感謝申し上げる。

未來社の西谷能英さんは、長い時間がかかったにもかかわらず、この翻訳作業を温かく見守ってくださり、どうにかこうにか終点にまで達するように導いてくださった。いつもながらお礼を申し上げたい。本書が、未熟な翻訳にせよ、この訳書を通じて多くの読者の眼に触れるようになることを願っている。それに値する書物であると信じている。

湯浅博雄

二〇一六年九月

■訳者略歴

湯浅博雄（ゆあさ・ひろお）

一九四七年生まれ。東京大学文学部フランス文学科卒、同大学院博士課程、パリ第三大学博士課程修了（3^{e}cycle 博士課程提出）。東京大学名誉教授。フランス思想・文学、言語態研究。

主要著書――『他者と共同体』『反復論序説』（ともに未來社、一九九二年、一九九六年）、『ランボー論――〈新しい韻文詩〉から〈地獄の一季節〉へ』（思潮社、一九九九年）、『聖なるものと〈永遠回帰〉――バタイユ・ブランショ・デリダから発して』（ちくま学芸文庫、二〇〇四年）、『バタイユ――消尽』（改訂版、講談社学術文庫、二〇〇六年）、『応答する呼びかけ――言葉の文学的次元から他者関係の次元へ』『翻訳のポイエーシス――他者の詩学』（ともに未來社、二〇〇九年、二〇一二年）ほか。訳書も多数。

大西雅一郎（おおにし・まさいちろう）

一九五五年、大阪府生まれ。東京大学大学院人文科学研究科修士課程修了。成蹊大学教授。フランス文学・思想。

訳書――ジャック・デリダ『絵葉書（Ⅰ）』（共訳、水声社、二〇〇七年）、ニコラ・アブラハム、マリア・トローク『表皮と核』（共訳、松籟社、二〇一四年）等。

【ポイエーシス叢書68】
信と知——たんなる理性の限界における「宗教」の二源泉
二〇一六年十一月十日　初版第一刷発行

定価……本体一八〇〇円＋税
著者……ジャック・デリダ
訳者……湯浅博雄・大西雅一郎
発行所……株式会社　未來社
東京都文京区小石川三—七—二
振替〇〇一七〇—三—八七三八五
電話（03）3814–5521
http://www.miraisha.co.jp/
info@miraisha.co.jp
発行者……西谷能英
印刷・製本……萩原印刷

ISBN978-4-624-93268-8 C0310

ポイエーシス叢書より　（消費税別）

1　起源と根源　カフカ・ベンヤミン・ハイデガー　小林康夫著　二八〇〇円
3　ポスト形而上学の思想　ユルゲン・ハーバーマス著／藤澤賢一郎・忽那敬三訳　二八〇〇円
5　知識人の裏切り　ジュリアン・バンダ著／宇京頼三訳　三二〇〇円
8　無益にして不確実なるデカルト　ジャン＝フランソワ・ルヴェル著／飯塚勝久訳　一八〇〇円
10　余分な人間　『収容所群島』をめぐる考察　クロード・ルフォール著／宇京頼三訳　二八〇〇円
11　本来性という隠語　ドイツ的なイデオロギーについて　テオドール・W・アドルノ著／笠原賢介訳　二五〇〇円
12　他者と共同体　湯浅博雄著　三五〇〇円
13　境界の思考　ジャベス・デリダ・ランボー　鈴村和成著　三五〇〇円
16　ニュー・クリティシズム以後の批評理論（上）　フランク・レントリッキア著／村山淳彦・福士久夫訳　四八〇〇円
17　ニュー・クリティシズム以後の批評理論（下）　フランク・レントリッキア著／村山淳彦・福士久夫訳　三八〇〇円
18　フィギュール　ジェラール・ジュネット著／平岡篤頼・松崎芳隆訳　三八〇〇円
22　歴史家と母たち　カルロ・ギンズブルグ論　上村忠男著　二八〇〇円
23　アウシュヴィッツと表象の限界　ソール・フリードランダー編／上村忠男・小沢弘明・岩崎稔訳　三二〇〇円
27　インファンス読解　ジャン＝フランソワ・リオタール著／小林康夫・竹森佳史ほか訳　二五〇〇円
30　よりよき世界を求めて　カール・R・ポパー著／小河原誠・蔭山泰之訳　三八〇〇円

32 虚構の音楽 ワーグナーのフィギュール　フィリップ・ラクー＝ラバルト著／谷口博史訳　三五〇〇円
33 ヘテロトピアの思考　上村忠男著　二八〇〇円
35 反復論序説　湯浅博雄著　二八〇〇円
36 経験としての詩 ツェラン・ヘルダーリン・ハイデガー　フィリップ・ラクー＝ラバルト著／谷口博史訳　三五〇〇円
40 グローバリゼーションのなかのアジア カルチュラル・スタディーズの現在　伊豫谷登士翁・酒井直樹・テッサ・モリス＝スズキ編　二五〇〇円
43 自由の経験　ジャン＝リュック・ナンシー著／澤田直訳　三五〇〇円
45 滞留［付／モーリス・ブランショ「私の死の瞬間」］　ジャック・デリダ著／湯浅博雄監訳　二〇〇〇円
46 パッション　ジャック・デリダ著／湯浅博雄訳　一八〇〇円
47 デリダと肯定の思考　カトリーヌ・マラブー編／高橋哲哉・増田一夫・高桑和巳監訳　四八〇〇円
49 超越と横断 言説のヘテロトピアへ　上村忠男著　二八〇〇円
51 メタフラシス ヘルダーリンの演劇　フィリップ・ラクー＝ラバルト著／高橋透・高橋はるみ訳　一八〇〇円
52 コーラ プラトンの場　ジャック・デリダ著／守中高明訳　一八〇〇円
53 名前を救う 否定神学をめぐる複数の声　ジャック・デリダ著／小林康夫・西山雄二訳　一八〇〇円
54 エコノミメーシス　ジャック・デリダ著／湯浅博雄・小森謙一郎訳　一八〇〇円
55 私に触れるな ノリ・メ・タンゲレ　ジャン＝リュック・ナンシー著／荻野厚志訳　二〇〇〇円
56 無調のアンサンブル　上村忠男著　二八〇〇円
57 メタ構想力 ヴィーコ・マルクス・アーレント　木前利秋著　二八〇〇円

58 応答する呼びかけ　言葉の文学的次元から他者関係の次元へ　湯浅博雄著　二八〇〇円
60 翻訳のポイエーシス　他者の詩学　湯浅博雄著　二二〇〇円
61 理性の行方　ハーバーマスと批判理論　木前利秋著　三八〇〇円
62 哲学を回避するアメリカ知識人　コーネル・ウェスト著／村山淳彦・堀智弘・権田建二訳　五八〇〇円
63 赦すこと　赦し得ぬものと時効にかかり得ぬもの　ジャック・デリダ著／守中高明訳　一八〇〇円
64 人間という仕事　フッサール、ブロック、オーウェルの抵抗のモラル　ホルヘ・センプルン著／小林康夫・大池惣太郎訳　一八〇〇円
65 ピエタ　ボードレール　ミシェル・ドゥギー著／鈴木和彦訳　二二〇〇円
66 オペラ戦後文化論1　肉体の暗き運命 1945-1970　小林康夫著　二二〇〇円
67 反原子力の自然哲学　佐々木力著　三八〇〇円
68 信と知　たんなる理性の限界における「宗教」の二源泉　ジャック・デリダ著／湯浅博雄・大西雅一郎訳　一八〇〇円
69 最後のユダヤ人　ジャック・デリダ著／渡名喜庸哲訳　一八〇〇円
70 嘘の歴史　序説　ジャック・デリダ著／西山雄二訳　近刊

本書の関連書

パーリアとしてのユダヤ人　ハンナ・アレント著／寺島俊穂・藤原隆裕宜訳　二八〇〇円
『ショアー』の衝撃　鵜飼哲・高橋哲哉編　一八〇〇円
終わりなきパッション　デリダ、ブランショ、ドゥルーズ　守中高明著　二六〇〇円